本书惠承

乐俊民严赛虹基金会赞助出版

2025 年 9 月 第 3 期，总第 19 期

纽约一行

First Line New York
Quarterly Literary Magazine

《纽约一行》杂志编辑委员会

纽约一行

文艺季刊
First Line New York
Quarterly Literary Magazine

主编：严力

纽约一行杂志编辑委员会：

王渝　邱辛晔　冰果　张耳　曹莉　程奇逢　严力
于捷（摄影编辑）

翻译部：　梅丹理　张耳　楚鸿　李玉然

项目经理：章清

艺术作品和插图：李云枫（北京）　石虎（河北）已故　李枪（纽约）
孟睿涵（南京）　岛子（北京）已故　严力（纽约）
樊颖杰（湖南郴州）　张祖源（石家庄）
刘传宝（青岛）　李空城（武汉）

责任编辑：　冰　寒
封 底 图：　岛　子（纽约）
美编设计：　王昌华
出　　版：　易文出版社

目　录

译诗与评论

翻译散论

散文随笔

本期艺术家

李云枫（北京）　石虎（河北）已故　岛子（北京）已故

孟睿涵（南京）　樊颖杰（湖南郴州）　张祖源（石家庄）

李空城（武汉）　刘传宝（青岛）　李枪（纽约）　严力（纽约）

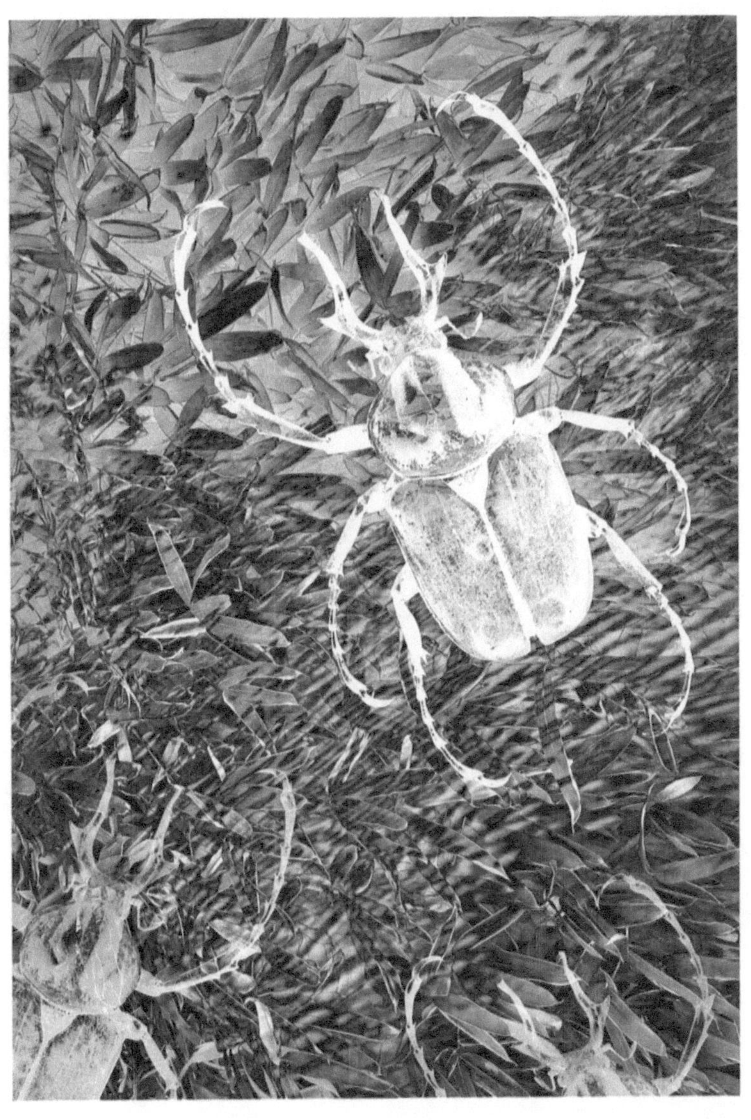

孟睿涵（南京），《蝶恋花.流水四时》组照之四，摄影，2022

岛子（北京，已故）

纽约笔记（组诗五首）

1. 各各他墓园的冻云
——怀念故友余虹[*]

在皇后区与曼哈顿之间
纽约最大的墓园恍如星座，不夜连结永夜
碑碣肃然列阵，为无常赋形，增色

这各各他，不是耶路撒冷的骷髅地
不是，炼狱的前厅。多年以前
你云游至此；拍摄；调焦；多么庄敬

各各他，紧挨施洗的约旦河；紧邻
拿撒勒的耶稣。归雁驮着冻云，盘旋
向上—— 向下——

向下和向上的路，是同一条折线？

青冢纵横，随同
大流行病向周边延展；随同
新增的十字架；碑铭；羽毛

延展——

黄泉之下：男人，女人，孩童
迁入，入殓。君在泉下，泥锁骨
死亡，毁了这么多人。这么多

丢失的记忆，去了哪里？
往来吊丧的歌，去了哪里？

你云游此地，揣回那永夜的影像
喂！宇宙是大爆炸的剩余？那么
这有余无余之虹呢？君在泉下，泥锁骨

一个名字被拆分成原子；或是
一个不可解的图谶。可人世
不再有你；你不再来，来你所来之处

不再追审：那些流无辜之血的人
去了哪里？淼淼蒸发，失踪者；被盗的
怜恤；冷冻尸骨；被绞碎的

无器官的尊严。坦克人的
白衣；蘑菇云中闪光的一瞥
同林的归鸟；枝头的苦果；都去了哪里？

响翅，盘旋；冬云，垂暮——

阵阵彼岸的气息，弥撒；故友余虹
那凌空的长啸，从北京
世纪城楼阁十层

随风
飘逝

孤雁，驮着冻云
随风飘逝。在各各他墓园：

"那在死中携我们而去的东西，
还深深地隐藏。"

*余虹（1957.2——2007.12），生于四川，文学博士，中国人民大学文
学院教授。2007 年 12 月某日跳楼自尽。

2022-2024

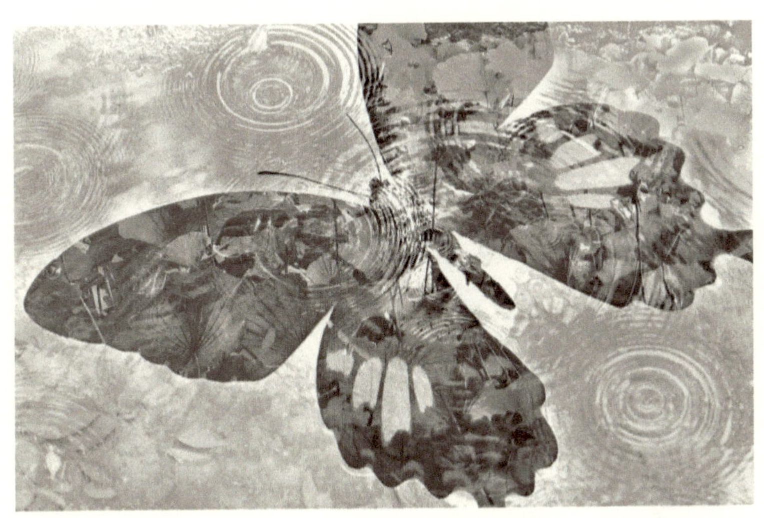

孟睿涵（南京），《蝶恋花·流水四时》组照之二，摄影，2022

2. 四月八日，在曼哈顿观日全食

白头雕倾斜展翅，滑翔掠过

高楼参差；冲出一线天

在这梦丛葳蕤之下，你向天举目

鸢尾花丛，蓝与蓝在低吟

"从午正到申初，遍地都黑暗了。"
马太写道。使徒记得愈实在，造物者愈神秘
想必，如眼前——

最后一道光波，渐次
衍射大通银行孔方空洞的标志，渐次
卷曲在花旗的红蓝皱褶

沿着大教堂忽闪的尖顶
一幅素描的焦点变虚；瞳孔
闪射；亿万个灭点变黑

"你已将至高者当你的居所。"

透过黑曜石镜片，祢说，"要有光"，
于是——

光波，被日夜疾驰的地铁
吸纳，被时代广场频频变幻的霓虹灯

吸纳，被摩天大厦交错的取景框
吸纳，被华尔街铜牛的镀金睾丸
吸纳，被哈德逊河流变的肤色
吸纳，被虚空的虚空
吸纳，被——

无人坦承的沉默，吸纳
左右摇摆的双脚，吸纳
掌心合十，瞑目，吸纳

"人怕高处，地上有惊慌。"

哦，银亮的日冕，正徐徐升腾

照见我，疑似某个迷途的魂影

缭乱的白发迎风披散

2024.4

3. 到灯塔去

她从红褐，变为淡绿
面向东南，百年，又百年；谁从
纽约港眺望，摆渡，朝觐；谁从

上海虹口地铁车厢，隔空喊过来：
"我要上访，一路鸟语花香。
我要去拜菩萨，一路鸟语花香。"

一个高耸入云的女巨人；从西
看到东。每年，她要被雷电击中，六百次
在飓风中摇晃，六英寸。她是

神　收养在岛上的弃婴？
而谁能料到，自由尚在发育
她幻影恢恢；她重影悠悠；她馨香漫漫

在世代的每个片刻，变相——

她曾是巴士底狱的旗手
另一半铁链女；她是 A4 白纸女
割喉女，头颅十七英尺高；她是

五分钱子弹费女，血书女，手指
八英尺长；异乡代孕女；沙漠罩袍女
她的前身：一个无染圣女

爱之眼两英尺宽；但爱

绝不不止两英尺宽——

在上；在下；在
朝觐者中；艾丽斯岛移民登记处；在
咻咻喘息的星际；雨林走线女；在

第七层，皇冠的七角芒锋
自淡绿变为金黄。火炬，金箔忽闪
捕捉阳光，天光，目光；她的发圈

一个观景台，轮转：七大洲；七烛台；七支号
星月，轮转："真理的本真
乃是自由？"是。或不是

要？或不要？摆渡吧，重要的是摆渡
汽笛拉响；角声长鸣——
我们，到灯塔去

2023.5

4. 硬边：致马克·罗斯科[*]

圆圈，不圆
硬边，不硬

蓝色严肃起来
红色就噤声

黄，破门而入，漫过海市
管他洪水滔天，与打桩的彩虹何干

四季酒店"吃饭和炫耀的有钱混蛋"
与我何干，哪个总统的就职典礼

又与我何干
峰巅之上，眼下尽是蜃楼

裁切一层雾幔，风去速写
筱平一座高岗，鹰来飞刷

刷，刷墙；刷山河；刷日月；刷鬼神
刷，刷书；刷歌；刷舞；刷硝烟；刷疮痍
刷，刷贫；刷贪；刷空；刷无；刷黑
刷，刷白，再白——

白上知白
白下有骨

圆圈，圈火。

硬边，堆灰。

抹黑，涂白；涂白，摸黑
白出于黑，而没入灰。殁于
一息尚存。灰烬，储蓄余辉

漂浮，在黑暗中漂浮

"艺术家只有饿死的自由。"
——灰写道。
"我走进的屋子，是这间画室的一个梦。"
——梦说。

琴瑟，无端，五十弦；而笔刷
无端，刷成一把柳叶刀，划开你的血管

动脉，在表现
静脉，在抽象

褐红，悲哀起来
品红，就失声

漂浮，在黑暗中漂浮

在休斯顿，八角小教堂拱顶天窗下——
我。变成一只漂浮的井蛙

*马克·罗斯科（Mart Rothko，1903—1970），美国抽象派画家。1970 年
2 月 25 日，在曼哈顿的画室割腕自杀。

2004.9

5. 房间里的光：霍珀画展

一

黑夜已深，餐厅只剩四人
三位酒客，一位白衣酒保

四条视线游离，四道
并行线，无从交汇

光之刀，斜切，从
倒立的三角，切出

一间光的囚室
一座光的孤岛

一排高脚圆凳，虚位，冷场
低墙，走进高墙，贴着冷光

天使有天使的心事
分心是一种拯救

二

作盐；作光。能否
称之为：味之道；人之本？

总有抒情，抵抗钟点

总有祭司，驱赶鬼火
总有启明星，夜空独行

三

光的长梳，紧紧梳理

额头流光

栗色玻璃聚光

妻的裸体——

乳黄的辉光，在流淌

光的水晶，一身桃红晨妆

四

幽光，逸出沉寂的海底
笼罩一轮缺席的太阳

"鸟雀一叫，男人就起来，
歌唱的女子也都衰微。"

道路空无一车
铁轨生锈，隆隆驶出壁炉
告解。已接近尾声

五

香气。在花园夜游

睡床无声走出卧房

吸附月光，安抚烛光

墓穴般的光块，两次跌落

棺盖都是天国窄门，关闭；敞开——

去吧！纸伞；去吧！草帽

假如没有上帝

连晨光也无处可去

六

梯形的光，滑落错失的钟点

光的巴别塔离散，一个词语
在寻找另一个词语；一个喻体

在召唤自己的本体

蓝光魂幡，在海风中招摇

七

"你能在言词中说出的，
就没有理由去画。"

——在尼亚克故居的墙皮上，你的荧光写道。

而你所画出的每一个寂寞

都已不再寂寞

爱德华·霍珀（Edward Hopper，1882—1976），美国现代画家。

2003-2004

编者按：当代美术批评家，诗人，艺术家，美术教育家岛子先生于 2025 年 9 月 1 日因病去世，享年 69 岁。岛子先生生前在北京和纽约两地居住。本刊发表《纽约笔记》（组诗 5 首）以纪念岛子先生。

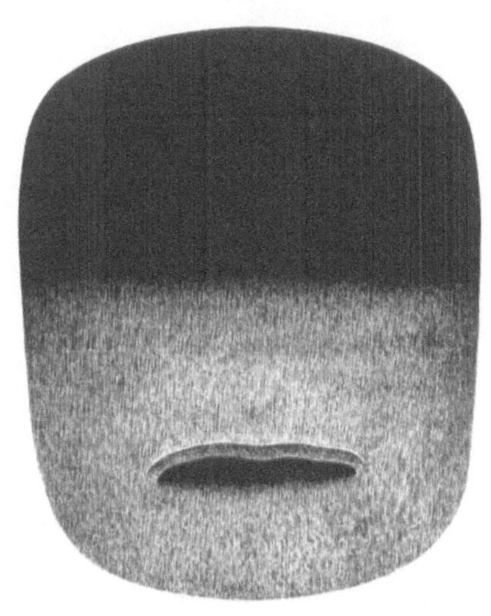

李云枫（北京），荒原，宣纸·墨。
45X50CM. 2024

海上（湖南）

大海咆哮处的岛屿有我肋骨

有一场改天换地的黑域里的光束
在世界任何视角穿越而至
一只诡异的舢板恢复了六十年前的动作
借尸还魂般诞生于记忆的幻觉中
而洋流还在咆哮它疼痛的肋骨连着
搁浅的胸椎。藤壶寄生于此
这群寄生虫可以追溯到寒武纪元年
涨潮时起风了黑暗堵上遥远历史
包括我六十年的记忆及幻视幻听
都在舢板上和嚣浪挤成一只空舟
隔大陆架的距离恰好是我寂孤面积
漫长的思念乘以忧伤的宽再乘迷茫之高
它正是从世界任何角度可以穿越
而至的岛礁。黑城里的光和浪的咆哮
唯肋骨收藏了这世代因果

2020.11.

至暗时刻的脸

疾病从一种幻景开始了
冗长的海岸线须从太古宙计算
色括三叶虫在内的生命
密密麻麻地饲钉是祭

整个世界蜕变的周期很漫长
先祖用以祭神的寒武纪的肉
已经石化。暗淡隐退出纪元

此时此刻其中包括了彼时彼刻
数万年的黑暗光阴（易燃气体）
世界仍在宇宙子宫里盲转
雌雄一体的地球寂寞以光年计
等待任何一颗冒失的精虫撞击
晕旋中开始裂变
（这里没人类什么事！）

人类只有变形的脸
那也无一幸免于一场天体变配
至暗时刻，人类的脸已经失踪
无数发育未完的处女彗
循着震频而来
扫帚一般打扫脸失踪后的垃圾
到暗时刻
（在倏忽间还原的不叫疾病）

2020.10.1 夜

"旋转木马"的召唤

——致敬里尔克

时至今日一百一十五年间
卢森堡公园里的悠悠岁月
划过我生长的国土几个朝代
我忽然明白没有这座"旋转木马"
历史场景又怎能转到眼前
在我看来你就是那头时不时出现
的白象。巴黎这座奇怪的大都市
你时不时以诗的名义出现

人类这种选择性记忆的生物
若不是这座"旋转木马"在眼前晃过
一个多世纪以来我们没有隔阂
你这头时不时出现的白象
总会让我诞生些空白的追问
你离世之后为什么还活了那么久
"哪有什么胜利可言，挺住意味着一切"
已成为令人忘俗的名言

至少，从此我放弃了"胜利"这个词
竭尽全力在旋转木马上挺住
挺住！挺住！如果我能够坐上木马
我也会以宗教的眼神闪发虔诚之光
和你一样我们需要时间消磨惆怅

需要用时光来散发解不开的谜语
这些人类的甚至于与生俱来的

迄今也因为悖递而不可获取"胜利"的

是否你早已发觉毫无胜利可言
悖论是属于真理的一部分存在
为此。所以你在"旋转木马"上
挺住了，它意味着一切

2021.8.18

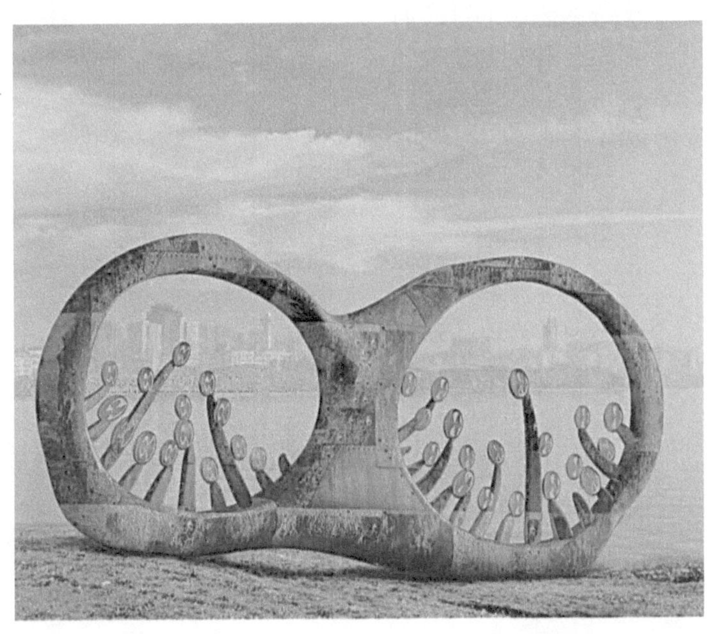

李空城（武汉），城市孢子，废旧车皮、不锈钢镜面。
522X1010X165CM. 2022

陆健（北京）

竹子的问题

竹子的枝干们，在讨论
笛子的问题，箫的问题
音乐，美学问题

竹子的细枝们，讨论
绘画问题，郑板桥问题
和梅兰菊三友四友的问题
诗也需——瘦劲才好
把天空打扫成朗朗乾坤

竹笋讨论铁锅、电锅问题
炭火烹食养人
和鱼或者肉的搭配
口感问题。童子鸡有新建议

竹子的影子横躺在地上
光线婆娑。它没有任何问题

2025.7.4.

贾薇（昆明）

唱　腔

那时
夏天刚过
舞台外
已经没有观众
台下站了很长时间的人
悄悄走上台
他脖子前伸
头微微上扬
他双手张开
脚步前后交叉
他深吸一口气
唱起来了啊
一张口就是汹涌的波涛
夹杂褐色的泥块和巨石
夹杂黑色的铁和易碎的陶瓷
夹杂闪着白光的金属和易折的树枝
夹杂颜色分明的花朵和轻薄的丝绸
夹杂那些脸庞
年老的年少的
过去的现在的
男人的女人的
夹杂着早就已经失去了的岁月
那些爱情
温存又粗暴的时光

那个美人
款款碎步街角走来
她走啊走啊走啊
一直走
一直走
夏天都已经过去了
初秋傍晚突然降临
冬天凌晨寒风刺骨
春天一夜间
开了许多花
夏天她还在走啊走啊
锁在他唱腔里
一直走啊走不出时光
只要他不停唱
她就一直活着

台下空无一人
喧闹的人群
在他的汪洋中一泻千里
他们没有选择
没有不同的方向
他们在唱腔中随波逐流
甚至那个美人
和他自己

2023.5.29

干溪沟

干溪沟是我故乡的一条溪流
春天
沟两旁灌木遮天
山坡上野花四散
夏日迟缓的昆虫
在溪谷漫游
你可能见过很多溪流
但不会是我故乡的这一条
它心无所想地淌进关河
两里外的故乡
炊烟刚刚升起

干溪沟是我童年的一条溪流
月影通常照不进来
太阳也只是
照进一个尾巴
它深藏峡谷
从嶙峋的乱石和杂草间
淌进关河
昨天还看见溪水中央的石头
某天一场大雨
就变成山洪汪洋
这是干溪沟的另外一张面孔

干溪沟是少数人的溪流
即便在故乡
也有一些人不知道它

也有一些人叫不出它的名字
也有一些人没在它溪谷两旁
采摘过野花
手捧溪水冰凉
干溪沟没有宽阔的水面
不会让你想到大江大海
不会让你心潮狂涌
它只是偶尔狂暴
吞噬了
我少年时的同伴

干溪沟是条悲伤的溪流
在溪岸静坐
风拂过脸颊
却吹不动一丝头发
它同细窄的溪水啊
轻轻吹进关河
属于少数人的干溪沟
只属于少数人
它轻轻奔流而来
穿过不眠的峡谷和故乡

多少年
你一直远远看着
什么也不想

2025.1.4

没有哪个季节有春天这么脏

它把树叶吹得像妖怪
吹断
细小树干
把细沙吹向天
把行人帽子吹飞
行人弓腰追出几十米去捡
它把裸露的尘土
吹上天
把垃圾吹上天
让它们空中洋洋得意
把所有轻的
都吹到天上
让它们烟雾般回旋
又落到人头发上
脸颊上
耳朵上
衣服上
落到只有丁点缝隙的窗台
它把所有水分吹走
把一切变得轻飘飘
变得没有重量
把树叶吹干起皱
让泥土龟裂豁口
它发出干燥的怪叫
让围墙下树篱旁的几只昆虫
瑟瑟发抖
失去方向

它把所有臭味吹来
四处飘散
防不胜防
它把暴躁的情绪吹得左右奔逃
只缺根火柴
那些想象的花香和鸟语
想象的清新以及和风日丽
想象的春和景明还有岁月静好
只能是想象
眼前的春天
漫天狂风
空气污浊
黄沙扑面
鸟儿快站不稳枝头

没有任何一个季节有春天这么脏
没有

2025.3.13

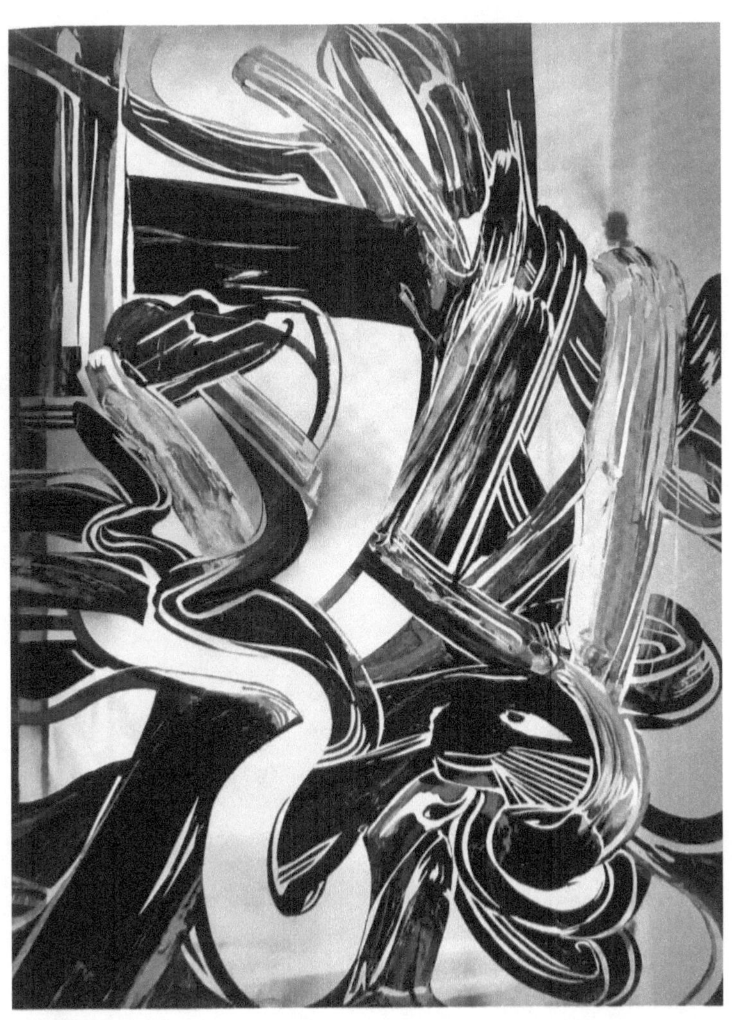

刘传宝（青岛），抽之映像，金属着色，90X122CM. 2019

浮石（湖北荆州）

冷烟花

无根之水突然泼下来
对风雨、闪电和雷鸣这些孪生的
经验，使得我对集聚的乌云
失去警惕

父亲在那个年代也是。先听到
风声刮起然后目睹闪电撕裂天空
然后是，被冷雨浇湿和
滚滚而来的雷声炸懵的
我幸运而漫长的青春

一拨一拨透明的、液态玻璃球般
弹跳破碎中密集地前赴后继
昏黄路灯下升起的水雾中
我看见炫目七彩光晕像夜空中绽放的
烟花，就像此刻蓝牙耳机中
雪莉琴弦上闪耀着的
勒夫兰的灵动

这是与我一路之隔
即将改造的小区，我借助散步
反刍从前不曾消化的。转身时
刚好看见那只流浪的狸花猫，逆光中
穿过这片冷冷的烟花
举着它骄傲的尾巴

2025.5.8

夏夜十点半的暴雨

住院部门廊前，我原想看到的是刚才
一阵暴雨，在午夜航空路上
滞留的雨水、反光中复印的高楼
拉上或没有拉上帘子的窗口
还有驶过的
出租车溅起生计的雨花

这些，都被汗腺感知的炙热蒸发
杯水车薪！
我脱口而出的成语，这样突然
像我体内几天前还平稳的
血糖和血压现在有着难以自控的惊讶

步梯才是一楼到三楼的捷径
我再次经过护士站回到病房
看见正准备给我皮下注射胰岛素护士的
专注，便没有向她们说：

刚才路对面一溜门店
只有一家卖热干面的中年男子
在灯光下准备着明天。也没有说：

他临街店铺上空的晦暗中
还隐约可见的云
和刚才匆匆仍下了
部分托不起的轻

2025.7.23

皮旦（安徽）

不存在主义

关心一个还不存在的事物
因为其不存在
还因为与其相似
或相近的事物存在过
还因为与其相似
或相近的事物再也不可能存在
存在与不存在
都可以转化为主义
不存在主义大于存在主义
不存在的星空
大于存在的星空
不存在的咖啡馆
大于存在的咖啡馆
不存在的忧郁
大于存在的忧郁

2025.6.22

树林不是我的

我想抓住一根树枝
抓住不放
用手臂把自己吊起来
树枝都太高
跳起身子也抓不住
树林不是我的
如果是我的，无论树枝多高
我想抓住就能抓住
肉体也不是我的
如果是我的，就能把我
带到我的愿望
愿望也不是我的

2025.7.1

石京生（北京）

远方

——怀念伯母

路有多远
多长
我举起双臂
将自己投向远方
时间和长度
边走边丈量母亲的指点
路
是拿不准也不许回头的方向
远方说
母亲的目光是路
慈祥　微笑
是我落实真情的征途

路陪伴母亲散步
在远方

2020.7.9

大友（安徽）

我的堂哥

脑肿瘤手术后
记忆也被切去了一块
见面，还能认识我
他流着眼泪
问我，还在山东部队吗
是的，还在山东部队
（三十年前转业）
女儿上学了吧
是的，她上学了
（女儿溺水身亡
时年二十六岁）
女儿她妈妈还在南京大学上班吧
是的，她在南京大学上班
（我们早就离婚了
她远嫁美国）

2025.6.15

端午节

诗一在柬埔寨
端午节安康，我问候她
端午节安康，她回我

一个人，在柬埔寨
不觉得孤单吗

还好吧，小伙伴
准备了水蜜桃和粽子
晚点我们去湄公河走走

除了写论文
你还可以写游记
写写红色高棉

不，她说
那些让我痛苦
吐斯廉屠杀博物馆
最早是一所中学
后改造成第 21 号安全监狱
在那里，我看见不足 2 平方米的囚室
我看见电棍、刀具、绳索
我看见囚犯们的认罪书
我看见被击打后留有裂痕的头骨
　……

我看见的，和你不一样
我看见唱红歌的夕阳合唱团
我看见他们跪拜
他们献花，在韶山冲
在伟人雕像前
我看见伟人遗体
在首都天安门
当年，我绕着它转了一圈

2025.5.31

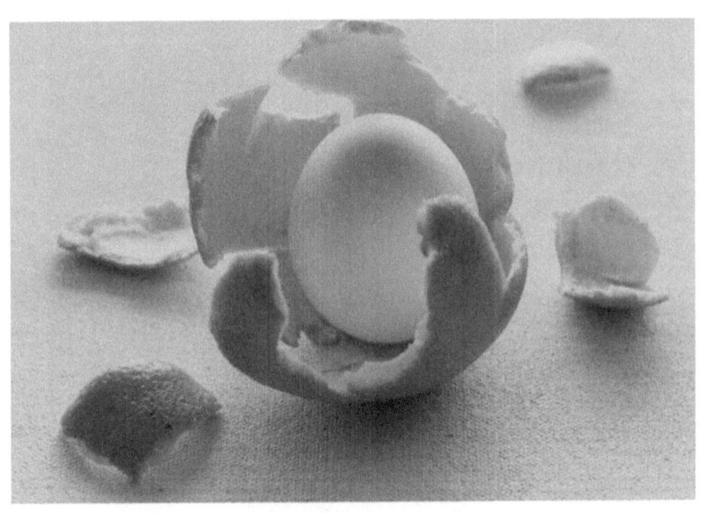

严力（纽约），剥开的橘子里竟然是个蛋，摄影，1991

柳扬（明尼阿波利斯）

滴水的龙头

老旧的龙头在夜里滴水
像一颗欲言又止的牙
含着疼痛，松动，却还未脱落
每一滴都是放逐
迟钝地走向暗处，不再回头
管道深处或许藏着一条枯竭的河
它给人的印象，更像一次缓慢的塌陷
以漏失的时间，诉说一个秘密

它的滴落，是城市梦魇滑落的冷汗
在黎明之前最无防御的时刻
它滴答着，回应黑夜深处一颗颗失眠的心
每一声都向空洞中注入一勺沉重
到了最后的一滴，它停滞在出口
不肯坠落，让所有醒着的人
在悬垂的寂静里等待
等它落下，或者天明

2025 年 1 月 15 日

蛇

姿势优雅的潜行者
滑行时锁紧住了空气
蜷曲，是一场收缩的引力
将恐惧拽向无底的中心
猎物在它面前
不是失败者，而是
一件自愿献祭的供品
一张嘴，便将一切归零

它在圆弧中穿行
在重复里改变
看似多余的弯路
却写满对直线的叛逆
每一次蜿蜒
都是对运动规则的嘲弄
每一次转折
都让风的方向迷失
每一次扭动
都写出一个无限循环的问号

它的蜕皮
是对自己的一次次否定
把过去剥离成废物
一边逃离，一边重塑
每一次离开旧的自己
都是一次新的潜伏

重新定义后，过往抛下
便不再问津

困在身影里的隐士
只是在咬住尾巴的瞬间
才仿佛将自己缝合成了一个
孤独却自足的圆

2025 年 1 月 18 日

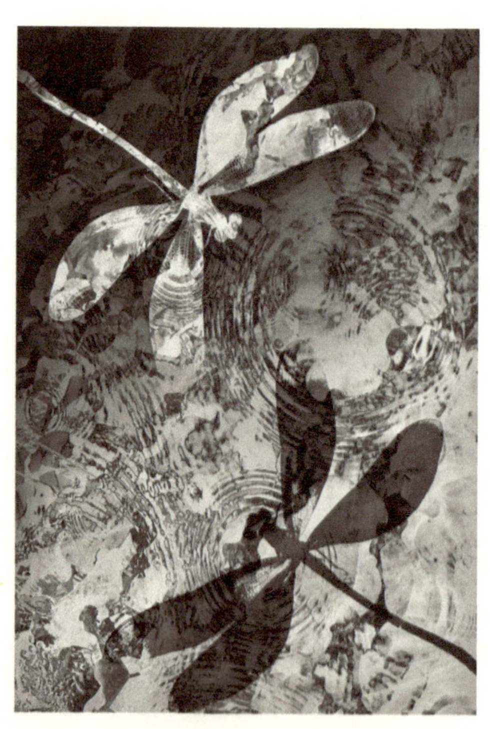

孟睿涵（南京），《蝶恋花.流水四时》组照之三，摄影，2022

庄晓明（扬州）

黄河：李白贝多芬

我，一个东方人的眼里
你，贝多芬，一个李白式的奇迹

黄河之水天上来
奔流到海不复回

曾经，我每天要倾听你的"命运"
因为，我的血脉，东方的血脉，干涸了
一些涸洼的鱼，微弱的喘息
需要你的冲激

黄河万里触山动
盘涡毂转秦地雷

这是李白的黄河，李白的节奏，李白的速度
我很遗憾，贝多芬，你的欧洲
没有与你相配的大河，相伴的奔腾
如果，那时，你来到东方，会遇知音一般
赤裸着，跳下浑黄的滚滚波涛
你们相互激荡，一同奔腾着一道壮丽时间的启示

你们，都将不再孤寂
我的案头，摆放着一本《李太白集》
维持着我的呼吸

我的大半生，就这样过去了
蜗居于一个僻远的小镇
按时起床，准时入睡
交流天气，戏谑政治
游戏于无处不在的腐败之间
苟且着顺流而去

一条排污沟里的折腾

被发之叟狂而痴
清晨径流欲奚为

我还记得，我的少年时，七十年代
一次，偶然地，从半导体，听到了"命运"
由此开始了漫长的贝多芬之旅

你，贝多芬，有如东方的黄河
你，李白，是否贝多芬的前世
你们都是冲激的大师，多声部交响的大师

你们奔腾的"浑黄"
一种生命的丰沛，广博，复杂，神秘，深邃

巨灵咆哮擘两山
洪波喷流射东海

你们，伟大的生殖力，人类生命的黄金
你们的疆域，融合着一切的边界

而我，你们的后代，却在不断地干涸

向着一只甲虫萎缩，变形
幸好，并未妨碍，我对你们的倾听

《庄严弥撒》——《蜀道难》的回声
《蜀道难》——《庄严弥撒》的注释
我时而构思着，你们的相遇
这是我的幸福时刻

黄河落天走东海
万里写入胸怀间

现在，暮色中的我
更偏爱《田园》的第 5 乐章
爱着暴风雨后的宁静，牧笛
万物浑溶于大自然的旋转，轮回

正如，过去，我热爱
"五花马，千金裘，呼儿将出换美酒"
而今，更爱着"相看两不厌，只有敬亭山"

奔腾的尽处
是海水的蔚蓝，信仰的建立

请原谅
我这样的变形，枯竭
却试图以你们为信仰，以写诗的行动
与你们建立联系

请原谅
暮色重重，我别无选择

沙然（上海）

无痕化石

唱着那些我不会唱的歌
轻轻地，轻轻地走过
那些我不知道名姓的野花
拾起散落在裸原上的鸟语
还有从泥盆纪传来的风里的水声
这未知的，无明的
世界与我

终有一天，我们都会朽腐
只有那首我不会唱的歌
拓印在它的流转之处
一种无痕化石，抓扯地幔深处
为高山的脊线和海贝的鼓膜
打上钢钉

用一首歌缝合大地的断骨
像一片羽毛轻盈飞过

2025.5.16

六月的雨

六月的雨声响动和叩齿的声响一样
忽重忽轻
窗玻璃像我热了又热的牛奶
凉了又凉
与外界切断关联，我只在里面存在
嘈杂地存在于一个白色的寂静空间

六月我的父亲一息尚存
那时，我怎知他还剩最后一个月的残焰
早知道我就会施以魔法
让黑斑纹的蝴蝶飞进窗口
变成他这一生全部的遗憾和悲伤
万千蝶翼拍拍额头告诉他
你看世界安然无恙，你也是
总算，这要命的一生就快过完

我其实是知道的
看看那些升降的箭头，那些滴滴作响的数字
水中枯萎不谢的唐菖蒲
蝴蝶在窗口盘旋一会儿又飞出去
我就已经知道，冻裂的泥土之下
还有生命在挣扎，还有一轮月亮的圆缺
我看着他的双手和双脚被捆在束缚带里
灰色的茧丝，罗织出的灰色罪状
他日日夜夜不眠不休地抗争
直至亲手拔掉导管——

我的心突然安静下来
他微笑着，凝视我

这就是我的父亲在整个六月里完成的惊天伟业
他死的那个下午天降大雨，淹没了我的泪水
我仰头看着下破了的天空，对他说
干得漂亮！

2025. 6. 18

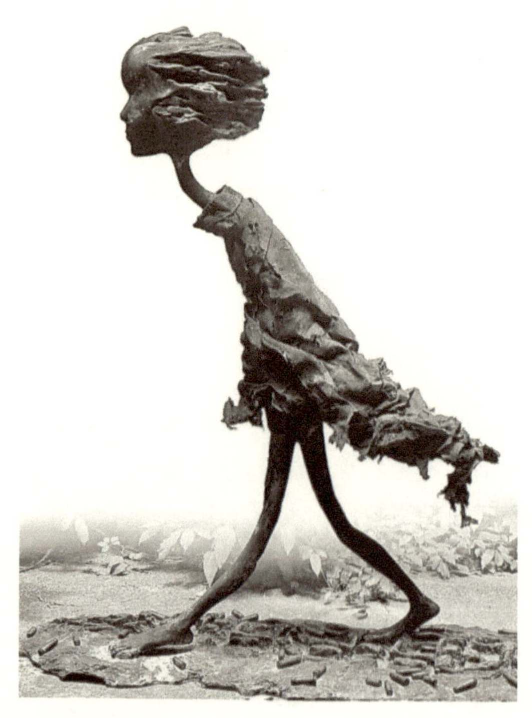

李空城（武汉），寻找家园，雕塑。 2004

旅　馆

像在溪水边对影相照
抚摸脸颊，重新辨识自己
张望，那只名叫黄莺儿的鸟
是不是还在啼叫
总有一些不太聪明的花朵开错了季节
我和世界至今厮混未熟，屡屡认错人，走错路，搭错车

不要小看任何一个夜晚
在枕上，从纸墨间飞出来的犁铧
在蔓草的屋顶
种上像我这样混沌的莠草
我要睡进一片月光做的苇塘
然后，在水声里歌唱

我的旅馆是风樯阵马的壁垒
蝴蝶迷失，雨水胶着的夏天
躲进移动的阴影里捉迷藏
我能躲得很好
在小小旅馆里突围或做梦
这件事，只能由我自己完成

2025.6.24

桂鱼（青岛）

电器之家

大概是一个人回到了家
家里的电视、冰箱、洗衣机
一齐欢迎他回来
这就是开头，这就是结尾
在夏天。朋友啊，还有空调
空调也欢迎你回来
它吹着冷风
吹着电视、冰箱、洗衣机和你。

死者之家

那些灵魂挂在墙上
像他们的旧大衣
旧中山服，旧军装
旧长衫，旧得不能再旧

这是一个旧问题
但不是灵魂问题。也不是
大衣、中山服、军装和长衫的
问题。

纪念品之家

47

妈妈把酒店的
洗发水和沐浴露
拿回来
摆在浴室里

另一些人
闯进国会大厦
抢走了桌子
和一封信

世界
可以被归纳为
一个巨大的
纪念品
我们负责化整为零。

不要在春天爬树

听我说：树叶还没有长出来
那不是一个藏身之地
他们会喊你下来
于是你得去学习，去工作
去过完这一生
再难找到藏身之地
所以听我说：
现在是春天，你不要去爬树
你不要去过完这一生。

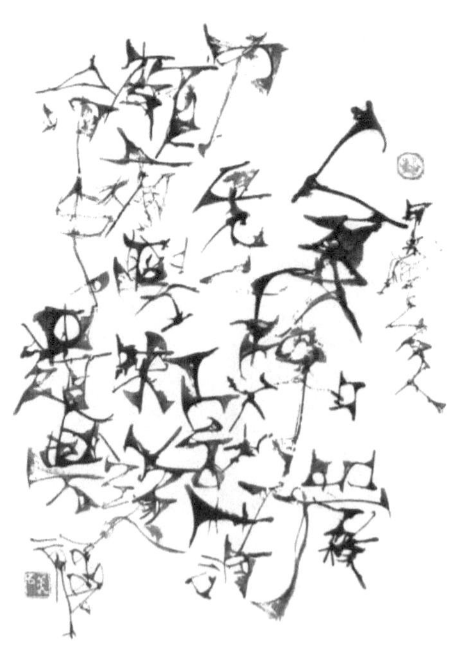

石虎（河北，已故），创意书法（1），宣纸·墨，2014

李林芳（青岛）

翅　膀

一场倒春寒吹着了肩膀
颈疼，肩疼，手臂疼
远山之巅，刮过来的春风，沿着骨缝
吹——
疼痛肆意，从一种植物到另一种
从此地到彼地，殷红的疼，嫣红的疼，紫红的疼
在后背，不经意间，火罐拔出了瘀

春天就是用来折磨人的
从山峦到沟谷，春天一路游走
花朵一路喊疼
我在幽室，一口口呵气
抽筋断骨地疼
默不作声的玉兰，从窗前
悄悄挺起两片紫红花瓣
我的肩胛，颤栗着，抽出两扇翅膀

出艾涧记

我一遍遍巡视我的峰峦，沟壑
我的屋顶是一小片斜坡
整个黄海鼓荡，泛起微澜——
我一眼望穿的院落无边无沿铺展。骄傲的农妇
端坐艾涧的王，泊在涧底，流水最平缓处
上苍有无与伦比的决绝：一道深涧分开撕扯的峰峦
一脉流水盘一枚长脚扣袢
系住飘走的云朵

终将远去——
夏天到了极致，艾涧放开襟怀
像一枚自由落体的果子，我顺势
下行，挂上万仞陡壁
这么多年
我已豢养了足够的跌宕之心

它很久不叫了

它的喉咙里埋伏了一场大风
打通白露、秋分、寒露、霜降……
二十四节气里埋伏了空旷
它叫一声，就把故乡的野兀沟
野兀沟的风声和巫气，巫气里的小翠
——搬运到信号山路
时空的戏法，就是它清清喉咙
一口一口吐出山间鼓荡的云雾

红瓦屋顶，院子里的树丛，文学院的天空
都没有它的影子
传说门卫王师傅的八哥小黑为爱情私奔了
我希望自带光环的主角是它
小黑两周后回来，十二月的雨夹雪
掳走了悬铃木的最后一片叶子
树木都松开了手指
枝条稀疏，仍旧不见它出没

它很久不叫了
我相信我这位进城务工的兄弟
替我回到了故乡

高伟（青岛）

组诗选（三首）

1. 我写下词语因为我绝望

没有绝望我要词语干什么没有绝望
词语有何必要秋花那样开放得如火如荼
我生来就是绝望的
如今更不稀罕希望
也不信任希望
没有绝望的日子让我忐忑
仿佛活着是一件可疑的事情
我写下词语因为我绝望

不绝望的人不配做我的情人
绝望得不够的人也不配做我的情人
那些豪华的人内容空洞得竟然
连正宗的绝望都没有
亲爱的我爱的正是你这个绝望的人
亲爱的你也有多么灼人的绝望
你的绝望把你的疼痛弄得得了智障症
亲爱的疼痛折腾我的手段也先进科学
可我是个绝望的人因绝望而富可敌国
一个绝望得富可敌国的人疼痛对她
又能怎么着

生活的临床培养了我这个绝望的细菌
我就把自己拉扯成人
我是鱼绝望是水
鱼儿离不开的就是水
我已经把绝望这个细菌进化成花朵了
这个异端的词语我侍弄她
用来万劫不复

生活不好也不坏我对它不管不问
抬头看天低头弄词语
我说过我是个绝望的人
我的日子只有在绝望里面才膘肥体壮
我绝望得把绝望的日子过得仿佛不绝望
我用绝望向我的绝望致敬

2. 在我们之前词语其实就是永生的植物

失去是不存在的除了词语
这务虚之物是惟一的实物
万物之炫耀只是一张大海报
它虚张成世界的枉念

救赎是不存在的除了词语
这本质的黑暗中惟一可以淬取光明的植物
这植物里面的诗歌
这诗歌里面的灵魂
这惟一得到了就不会再失去的事物
这因太美而没有人意识到会死的东西
这从死里建设出来的东西
因而一出生就是永生的东西呵

在我们之前词语其实就是永生的植物
永生得跋扈
词语只是被我们遇到了
遇到了就不会错过遇到了就会迷上
迷上了就会奋不顾身迷上了
我们就会代替词语亲自受伤或者
亲自幸福我们就会
相信相信的力量

不是生得浪漫死得惨烈
就是生得惨烈死得浪漫
词语从来就是这样一朵越轨的灵魂

江山是不存在的除了词语
词语是地大物博的土地上惟一的江山
我们身体与思想的江山

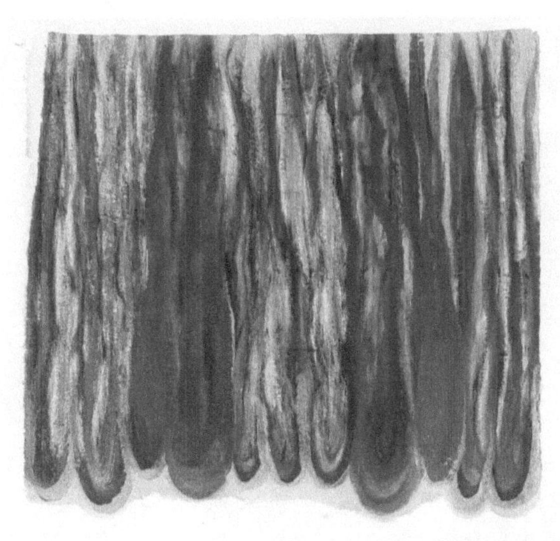

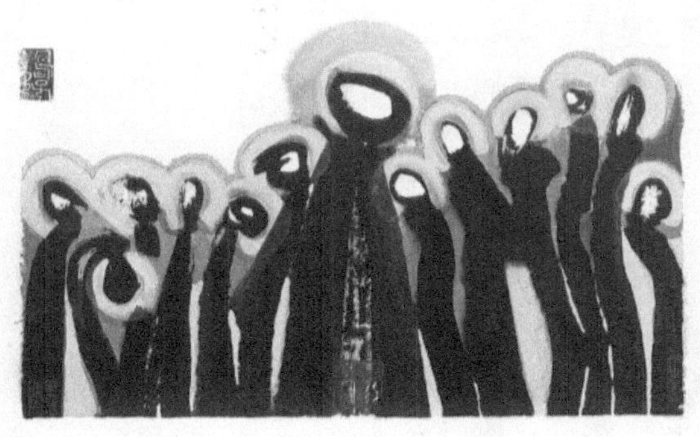

岛子（纽约），圣灵降临之三，纸本设色。100X70CM，2013

3. 给词语上营养让它们长肉

把词语关在家里营养一阵子
让它们长肉别再骨瘦如柴
烧一锅秋天的羊肉给词语吃
里面加上当归西洋参还有桂圆
我一直想写出一朵胖乎乎的玫瑰来
让她肥美惬意一如旧时的杨贵妃
让她的爱情膘肥体壮
情欲比青春旺盛

让阳光是因为我的玫瑰
才愿意出现在秋天的雨后的
我的玫瑰飞过暗红的秋草
秋草跟着她一起肥美
秋天的梦像药片外面的糖衣那么甜
梦做了就做了把它当真的使用
管它是有遂还是未遂
让我因爱情而心跳跳得比心脏病患者还快
接受玫瑰的美德和剥削
我想对生活爱起来
一天比一天爱起来

我正在奔赴在书写玫瑰的路上
去做一生中最正确的事情
去爱一个最干净的人
遇到这个人呵基督已为我祈福了一万年
除了基督已为我祈福了一万年
我不可能为他写出一百朵妖娆的玫瑰

这是一朵不疼的玫瑰
三围比秋天更美内心比秋天更深遂
今天你比好还好
玫瑰比你还好
今天玫瑰不疼
我比玫瑰更不疼
我的词语为什么就不能肥美一回
我为什么就不能不疼一回
我的玫瑰为什么就不能不消瘦一回

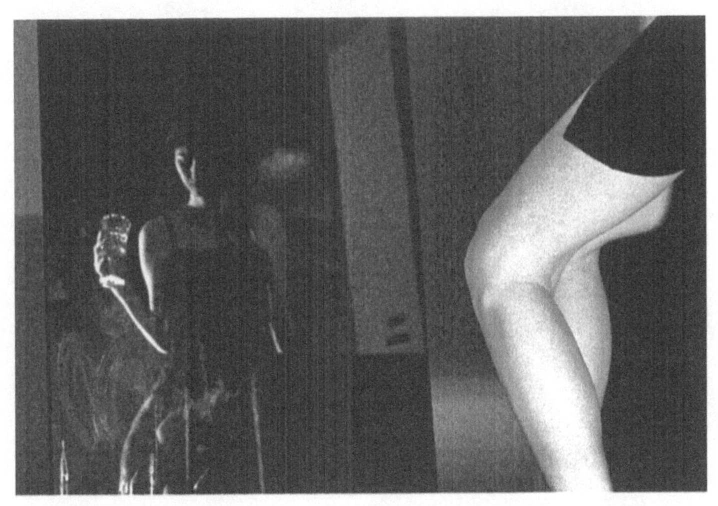

张祖源（石家庄），Sharp Rose 之三，摄影，2025

千夜（上海）

白色台词

我白色台词，终究
无法适应这紧张的阁楼

光滑的反面——
粗糙的专家正丈量着
指长指短。
"一个人是另一个人的计量单位"
话音刚落他们就变成了萝卜。

萝卜塞满了阁楼
阁楼塞满了宇宙
宇宙塞满了群星

群星是黑夜射的精！
那月亮呢？
月亮是一颗卵子

如果闪烁
如果升落
如果这还不足以安全
那么只能让台词变黑

"如果绞索高贵
就可以在弯曲的镜子里　自由"

黎虹（纽约）

勃朗峰山神的祭奠

（几个世纪以来，地球上不断枪炮轰鸣，烽火冲天，战争造成了无数的生灵涂炭，腥风血雨，暴雷闪电，惊动了山界的神灵！）

2025 年，一个早春的夜晚……
雄浑苍翠的阿尔比斯山脉
一阵冰寒彻骨的夜风袭来
勃朗峰山神从三百年的睡梦中猛然苏醒
他巍峨的白雪身躯奋然挺起
俯首下望，怒火和悲愤顿时跳荡在每一根神经
是谁？是谁如此漠视人间的生灵？
啊！三百年来
阿尔比斯山麓血流成河，悲声遍野
身披黑袍的战争恶魔，为何还在肆意狂行？
数不清的灰色幽灵浑身带血，从荒野残壁中涌来
它们面容悲苦，飘荡在勃朗峰的周边
座座山峰都仰起了头颅，睁大了眼睛，一片震惊
山神愤怒地说道：
阿尔比斯的山脉啊，请敞开你的胸膛，挺起你的脊梁！
今夜举办一个盛大的祭奠，为了殷红的鲜血，不再流淌
两千名 头戴紫色鸢尾花的仙女啊，请从山中走出
准备多瑙河芳香的美酒，勃朗峰洁白的糕点
将这些苦难的魂灵们，好好款待
凌晨三点，勃朗峰宣布开始肃穆的祭奠
云杉沉默，风声悲壮，清歌一曲缓缓飘荡

山神向着魂灵们鞠躬致哀：魂兮归来！魂兮归来！

向着一片茫茫的天地 山神跪下问道：苍天啊！

您何时才会 慷慨地将一剂良药赐给人间？

星球上何时才有 永远的美酒，温柔与和平？

在寒冷的夜风里，山神呼唤着：

来吧！来到阿尔比斯山，这里雪峰连天，湖水碧蓝

青草茵茵，是世间寂寞孤魂的最好家园

陡峭的山崖上，朵朵洁白的雪绒花 在曙光中绽放了！

山神举步向前 将花儿赠送给 一个个坚毅勇敢的魂灵

愿你们在我翠绿的山脉中 永享安宁……

注：

*阿尔比斯山脉 —— 位于欧洲中南部，横跨法国，意大利，瑞士，德国，奥地利等八个国

家，是欧洲最著名的山脉，被称为"欧洲的脊梁"．

*勃朗峰 —— 海拔四千八百多米，终年积雪，是阿尔比斯山脉最高的山峰。

*欧洲三百年历史 —— 涵盖了一战，二战和近年来的数场战争。

*鸢尾花 —— （鸢发音：原）法国国花，蓝紫色为主，婀娜多姿，又名
"蓝蝴蝶"

*雏菊花 —— 意大利国花，白色叶瓣，黄色芯蕊，纯洁美丽。

*雪绒花 —— 瑞士和奥地利的共同国花，六片白色花瓣上覆盖着一层绒毛，它挺拔优雅，香气浓郁，具有极强的生命力，常年绽放在寒冷的高山峭壁之上，是自由，勇敢和光明的象征。

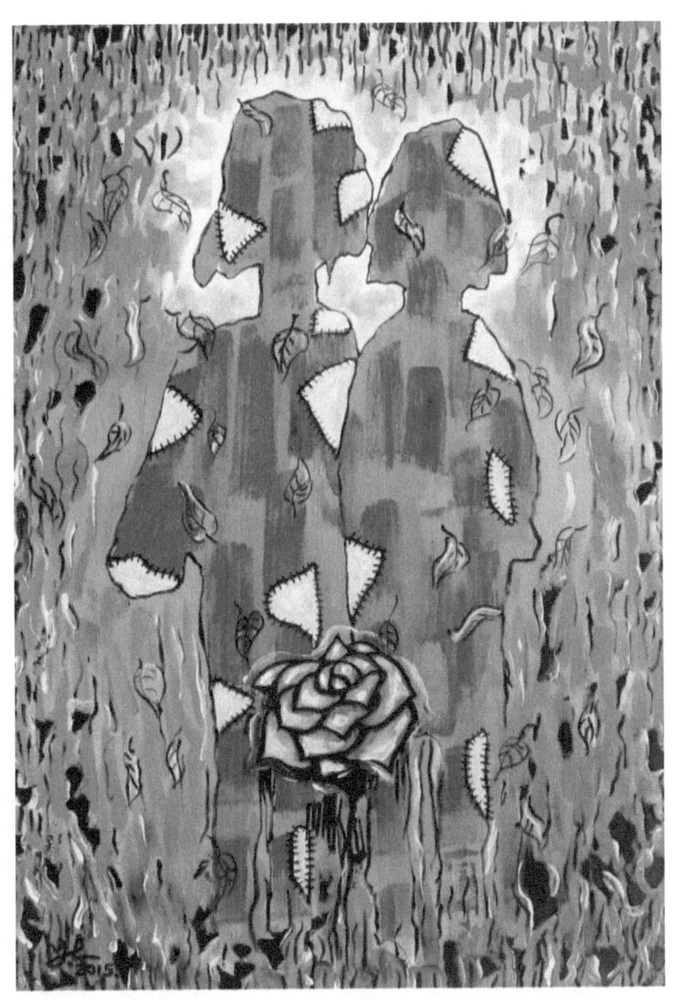

严力（纽约），天长地久，画布丙烯，60X80CM. 2015

陈金茂（纽约）

时间缝过的身体

——读严力画作《天长地久》

不是站在火焰边缘
而是被火焰织进身影

时间缝补了我们
缝得粗糙，缝得不问疼痛
一块布贴着另一块
像谎言贴在遗忘上

我们的轮廓并不清晰
仿佛谁是谁也已难分明
记忆混淆了步伐
像一朵青绿的玫瑰
长在血色的雨里

有人说这是爱情
可我知道——
这不过是
彼此残缺中唯一的对称
至于天长地久？
也许只是
没有力气再分开罢了

2025.7.28

纸上的迷宫

每一条街都长出　歧途
每一个点都暗藏　回路
在纸的疆域里
总被同一道经纬线围困

GPS 蓝光许诺的捷径
还在屏幕上蜿蜒
如永远也不能抵达的　血管

我已被那些透明的墙
撞得鼻青脸肿
他们在高声兜售指北针
而我交出的
却是全部脚印

当终于抵达标着出口的地方
站着的，依然是
昨天的自己

2025.8.9

忧郁的花树

一棵正在开花的树
也有忧郁的时候——

不是风不够温柔
不是蜜蜂缺席
不是天空忘了涂抹蔚蓝

一瓣花
落在了自己的影子上

它只是突然
站在原地
忘了为什么要盛开

也许它只是
（没有听到鸟鸣）

2025.8.1

严力（纽约）

下一个是谁

是中奖者还是受害人
是叛逆者或是逃兵
是总统还是职员
是你或者你们

其实
下一个就是
从来没离开过我们

那个名叫谁的人

2025.1.

现　象

那是多年来的典范
最会使用太阳能的是夏天
而使用能源最多的
必定是最累的
也必定无暇替人类
挡住疯狂生长的
杂草与蚊虫

但有着懒惰基因的
为自己研发了空调
虽然偶尔会为
夏天的额头擦擦汗
其实是
顺势在其脚下多种了点
罂粟与大麻

2024.7

这几年

这几年
我被俄乌、哈以、以伊
等等的战争及冲突
影响着写诗的思绪

参战方、助攻者、
摇摆及暗中盘算者的规模
已经是世界大战了

这几年
钻地弹与人心深度的探索
几乎合并成了同一门学科
只是定点清除的发明
依旧消灭不了人体内的
先天毒瘤

这几年科技在前线的表现
一如金融的数码演算
面对恐怖威胁的
指纹鉴定和人脸识别
人工智能
新冠疫苗
无人机
从战壕出发的科学啊
横扫了这几年

这几年的文学下笔
依旧没能触及子弹制造者的神经
哪怕写作者身处事发中心
无力的词语集群
依旧徘徊在每一颗空弹壳之外

这几年的人间阅读
疯狂地接收着敲个键就能去除的
视频里
而人工智能
为咨询者写出来的诗呢
全是用网上发表过的历史结论
神速地为其押韵

2025.6.

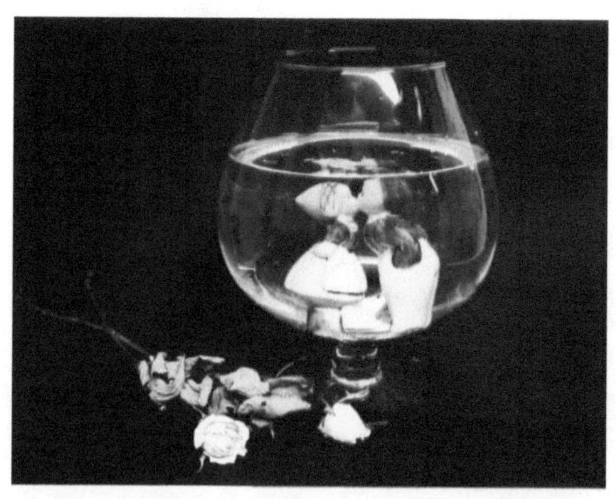

严力（纽约），海枯石烂，摄影，1990

曹小航（上海）

秋天的半张脸

咖啡热着，门外的流浪者听着歌
他们偷走了声音和撩人夜色
我的秋天也被偷了
那个故事里编出来的寄语
注定风干

你看，香泡树挂着金黄的乳房
引诱我们赊账春天播种
野狐狸走过，掠夺的鸟儿
在啄吃夏天伏地的水稻
那些稻草人在流泪

房顶进贡的人
劝我双手投降，交出心肝和披风
拿去吧，我赤裸如风中的石头
盘旋的河流在你的手掌
被迫的我，也是你们的果实

拿去吧，你已劈开一朵藏匿的祥云
背叛黎明

帽子戏法

他们给我一顶大帽子
让我每天戴着走路
帽子遮住了我的眼睛
我看不清自己的脸
也看不见他们的表情
帽子扣住了我的鼻子
我没有办法呼吸
我大喊一声救命
帽子就封住了我的嘴

我不知道帽子是谁制作的
帽子满天飞的时代
有的像紧箍咒　有的像面具
勾化生旦净末丑
猴子可以沐浴而冠
英雄被贬白脸
有的人被帽子压死了
有的人靠着帽子安顿一生

狂风吹走了帽子
暴露出每个人的真身
原来有的人没有头也没有脸
可怕的帽子——
我掐死了自己的帽子
露出我的一卷白发
许多人的眼睛里都有一顶帽子

他们都给别人扣上帽子
看那，许多人仓皇逃窜
还在戏法里抢着别人的帽子
他们不知道自己的头上都有但丁的眼睛

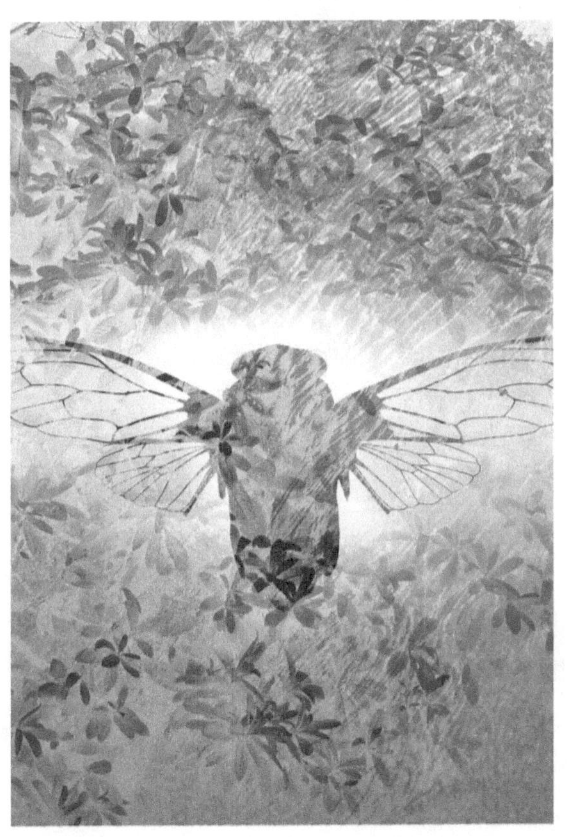

孟睿涵（南京），《蝶恋花·流水四时》组照之一，摄影，2022

程世农（湖北）

冬天的停留问题

落叶飘零的背景用雨水捎走红黄色度
并入法将黄红树叶沉入秋天的涧底
最初的地冻吞噬了整体秋野
一地树叶集合就是一地眼泪
松柏青叶如同备份，像绿色合同
寒雨体温，被子包住裸体
色情油画让雪季空白处有了伤感
好像麦当劳餐厅里有了雪菜

生日蛋糕上的白雪游走在下单的厨窗，
雪封山，剧情里示演雪中梅花
梅花和雪对视，红梅对应雪白
对白时的语速匀衡，如傍白吐雪
城市有求必应，注重色彩搭配
美女跳开了短裙，长裤用心
牛仔裤的舌头上班做美学做内应
枯瘦的春风忽然吹走她的青春期

隐姓埋名，不如同佳人不再通信
旧情陌路相逢，像雪在淹制画面
雪纺印花内容包括纺织印染
花布上设雪，棉纺姑娘用到雪花
六角型雪花堆叠布面形成心思

冬天的爱情美妹摘雪到达梅花图案
如离去的秋天打扮出的红叶黄叶
梅花在冬天就会吐出春天的花影

标准的雪还在天空白云
冬天启用雪当作冬标
白雪承认自己是冬标一说
傍白的时候，语法的空间在飘雪
声音改造耳朵时听不到雪花降落
风从中调解用到带响声的雪米
沙沙声中掺杂着雪米撒下来
辅平地上一层，等雪花着陆

用雪的冰喝酒抵挡寒冷
有了美酒名份过冬，就有米酒傍观
红酒有了勾兑方法，喝米酒醉醒
吃杯药酒 ，喝药酒是责任方
如写实的酒窖里有药酒偏方
固定在酒瓶里，这不算绑架
酒瓶内存放的酒量，同酒瓶等份相同
酒在瓶中沉睡时仿佛离开岁月

穿林过雪，持背影杀手锏出操
就会有雪梨汁喂雪，冷知识变道
速度拉远旷野一里，山中一里
里长记账，账本流水枯萎
泉水失约，约出来的的只是一线细水
细水长流的简单公式就是节省

节约行为的成本学如冬天减少白天
雪如白发就装成冬天老相

迟到的冬天在音乐中瞌睡连连
奔来的雪在夜风中流出
黑夜让旷野地里的落雪浩白
土地穿上白衣后去掉月光
月光不陪雪过夜是月光比雪暗淡
雪白的穿透力让黑夜成为白夜
流畅的白雪扛起夜白传说
暮夜降雪，就是等你在风寒中归来

雪夜白路在抄写足迹踩深雪面样品
雪痕伸出去，风跳进雪里
远方的天际线近贴天边
就有地平线和天空重合
平原上有河流流到天上
冬天孤枕寒窗雪落
窗外雪白和月光私聊
除雪的风在雪地里呼啸

2025. 4. 3

张溪涧（青岛）

钉　子

把钉子钉进墙里，钉进石头
一颗，又一颗，又一颗
钉进空气，钉进想象，钉进寒夜，钉进梦中
听回声四起

那已经不是一颗钉子了
已经是一把刀，一杆枪，一只笔
一双眼，一首诗

那不肯消散的回声啊
就像血和心跳粘住骨头和皮肤
死去的骨头和皮肤就突然活了过来

散

终于，我们风一样溃散，虽然
风已先于我们溃散。我们不再是自己的眼
不再是昨夜梦的主人倚重却无力拽回的身影
破碎后无法复圆的，不止落水后
没有浮起的镜子，还有我们的来日以及
簇拥云下亟待雨水的土地，天光注定离去
一场积云迟缓地召来零落天空

无人问起旷野为何荒芜，季节不再重生
我们为何散落路边。夜火烧出幻觉
让破碎在传闻中得以证实，我们
终于可以和灰烬一起带动夜色去往绝处了
追逐被驱逐，一切皆以沉默为荣
穿过眼神的是失去桨橹的船只
用滞水把潮声浸透，把我们弃于潮中

潘都（上海）

疼痛是这样将我从人群中画出来的

疼痛是这样将我从人群中画出来的
起先是小腹
是胸口，是腿
是头
是缓慢地摇动的满头头发
是我笨拙的动作
被画笔这样按住
并灼上火的颜色
血鹦鹉，在黑暗的深处游动

疼痛是这样将我从人群中画出来的
是谁，那么用力
以至于将画笔折断
一截残留在腹中
中箭的兽并不倒地，无人能见
仍然在丛林里穿梭

疼痛是这样将我从人群中画出来的
如同某个擦肩而过的男子
也许正在抵达一场孤独的性高潮
伴随着十秒钟的嘀嗒
孤独，是这样将他从人群中划出来的

红色和蓝色的小人

在夕阳下，金黄色的植物旁边
红色和蓝色的小人
紧贴着站在一起
这是柏林，统一了，你说
我只看到一个男人和一个女人
一个穿过另一个
身体圆形的下半部分
在柏林墙消失的地方
短茬的草在地上，如同刚长好的伤疤
这是柏林爱乐，这是国家图书馆
你的图书馆，天使降临的地方
空旷的路上来了人，日尔曼人
最高级的浪漫是智慧
楼前停满了自行车
每一辆上都曾栽着一个思考的灵魂
而你步行

林静（休斯顿）

取　暖

死灰撒网地球
太阳升起照旧
幸运凑活着日子
让头像
还能移动在社媒对话栏
让泪水和苦涩
结晶成韵抱团取暖

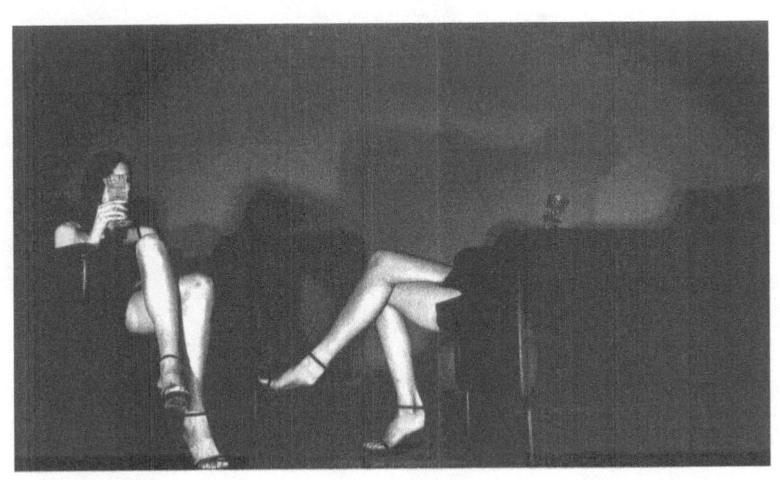

张祖源（石家庄），Sharp Rose 之一，摄影，2025

子川（南京）

挽歌

——追和郑愁予

达达的马蹄声，远了
海峡对岸，最后一片愁云
裹着月光的碎片
潮湿的雨季
江南，那朵始终不肯开的莲
已化作天上的星
你留在风中的《错误》
被海浪反复地诵读
诗行里，过客
一次次地归来
青石板路
被一个个黄昏叩响
我手中的折扇
已摇不动你的乡愁
所有等待，都成了不归的注脚

郑愁予（台湾，已故）

错　误

我打江南走过
那等在季节里的容颜如莲花的开落
东风不来，三月的柳絮不飞
你底心如小小的寂寞的城
恰若青石的街道向晚
跫音不响，三月的春帷不揭
你底心是小小的窗扉紧掩
我达达的马蹄是美丽的错误
我不是归人，是个过客……

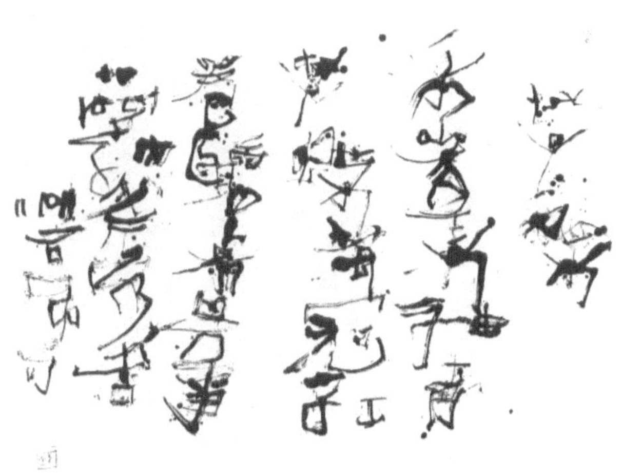

石虎（河北，已故），创意书法（2），宣纸·墨，年代不详

李笑虹（纽约）

2025 年 5 月 10 日

醒来，被一园子绿震住了
玫瑰，牡丹，芍药，鸡冠花……
尽情地爱着这个世界

我忍不住盎然

中午，和先生开车去布鲁克林
安排一出租房的修理
房客一家七口，三年多没交租了

赶走一房客，平均需两年
我这么心不在焉
N 年不是泡，是一条小径
——插入人性的深邃与温柔

回到家，小睡成诗歌的另一种体裁

六点，我开始张罗饭菜
被儿子叽叽喳喳和寂静的瞬间融化。
又是清晨，园子更绿了
一只比灵魂更轻盈的白蝴蝶
在风中
扇动绿的光亮

玫 瑰

穿过一个缓慢的，椭圆型的寂静
你抵达我
在另一个清晨抵达之前

每朵绽放
记录了刚出浴的黎明和一半天堂

此刻，零晨二点
夜色比夜更重
呼吸在青石板上结痂

噩梦中，你被自己的影子捆绑
被凝固的泪水焚烧
被钉在时间疲软的挂毯上
举起左手
如展出的一枚弹壳

陆渔（上海）

镜　子

找好角度，看镜子里的人
几度青春，多少才华
向这个虚构的世界宣战
直到，倒在无数的二维码里
时间，从镜子里飞快溜出
裹着些姹紫嫣红的灵魂碎片
镜子里的人，把自己扶正
镶上框子，挂在了墙上

2025.

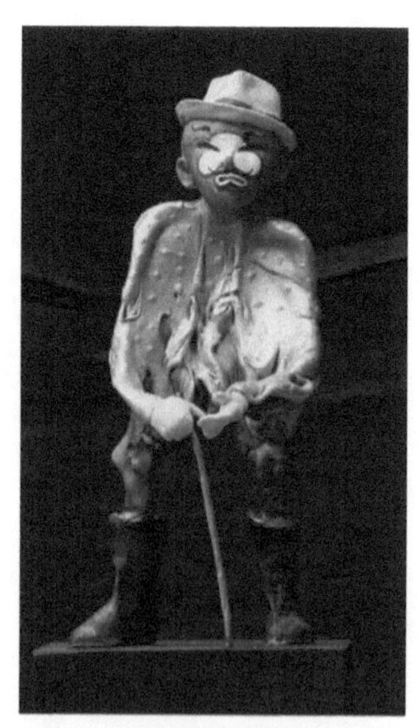

李空城（武汉），戏曲进校园之文武京丑。雕塑。

闪念两则

前 世

砍了窗前遮光的树枝
晚上就遭报复
做了个长长的噩梦
美人被一个独臂人霸占
几乎毁了我一辈子的幸福

夜 路

我喜欢走夜路
自由自在，星辰满天
绝不走被谁指引的
光明大道

翠儿（日本）

遗　忘

玩世太久
会渐渐忘记本体
就像假面久了，慢慢嵌入肌理
自以为的真情实意，成为
小部分缩影
还停留在我给你的字句里
毕竟我也曾是个痴人儿
心头温热，手底留香
更多的真相，闪烁，曲折
模棱两可
就连自己也会嫌弃
两地流云而已吧
我们，执着于描摹与质疑
重复着日渐单调的追忆
都不够收复自己的本尊
更无法寻回
遗忘太久的同类

好久不见

延长的曝光，橡皮擦那样擦拭
一个没有梦的夜晚
老曲子，成为此刻巨大的填充
一些秘境，会莫名醒来

称之为善意的
会把爱恨拧到孤独的程度
让怀念的速度，一寸一寸慢下来

寂静是夕阳也是晨露
当手指找到小小的开关
才会和夜晚走进最熟悉的房间

好久不见了
我想对你说，也对自己说

李斌（上海）

宠 你

你知道谁在宠你吗
你喜欢被宠的感觉吗

公园里的玫瑰宠你
枝头上的红苹果宠你
你喜欢的名字宠你
那些有特殊含义的日子宠你

奔流不息的河水宠你
飞来飞去的燕子宠你
竹林里会说话的风儿宠你
快乐的小松鼠宠你

这个世界都在宠你呢
宠得你天昏地暗
宠得你无处躲藏
宠得你飘起来
头戴花冠
走在路上
手舞足蹈
六亲不认
不知道自己姓谁名谁
哈哈

从小宠到大
一直到你满头白发
一直到你老眼昏花
还是像孩子一样宠你
那个喜欢孩子的大人
永远就是一根筋
宠你
宠你
宠你

2025.5.20

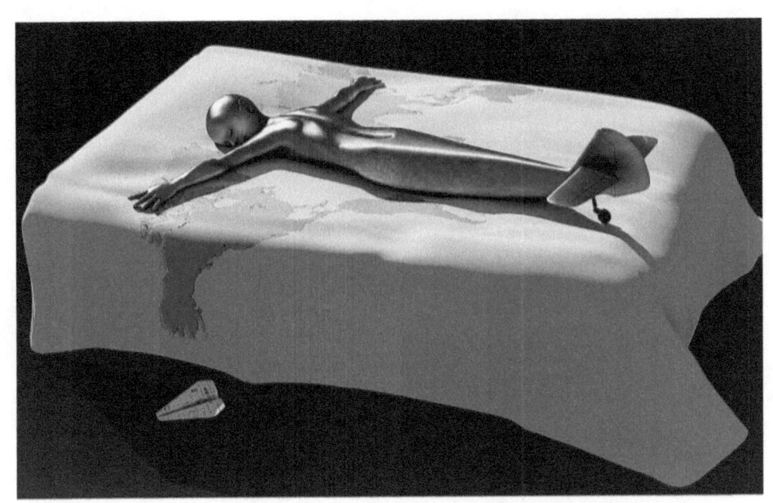

李空城（武汉），梦中的少年，雕塑。

我写不出有分量的诗了（献给六一儿童节）

我写不出有分量的诗了
因为我的心
就没有分量
每当我推开后窗
看着那阳光照耀下的山坡
到处长满单纯
长满童心
没有艰难历程
没有豪言壮语
也没有沉思
你说
这心怎么还能有分量

那怕是下雨天
那颗心
不去避雨
被湿得透透的
它还是没有份量
为此，我也好郁闷
就是装
也得装着沉重一些啊
好让人觉得
我脑袋里装着好多本书
书里都有故事

可只要我看到
那山坡上的姹紫嫣红
一闻到那初夏的气息
那些故事
就漫山遍野地跑起
跑的到处都是
爬到芒果树上
钻到灌木丛里
嬉戏着、打闹着
在天边、在云里
然后
消失得无影无踪

到现在我也弄不明白
被岁月啃噬了那么久的幼稚
怎么还会发芽

我学不会了
我写不出
有分量的诗了

2025.5.31

伊沙（西安）

天佑好人

我不知道
定时炸弹
会在何时炸
我不知道
潜在的疯子
会在何时发疯
但是
天佑好人
老天爷
会制造契机
会点亮心智
让我全身而退

动物诗志

白蚁带给
人类智慧的困惑
没有总设计师
没有总工程师
没有总指挥
也能建成
雄伟的白蚁大厦

人　物

有录音为证
川建国同志询问总统山管理人员
是否存在再凿上去一个的可能性
听得我哈哈大笑
最起码这是一个好的文学人物

海波（上海）

刺绣的奴隶

在柿子和狗之间
一个小小帝王，黑暗中交换黄金
月色下杀鱼的人
纸上行走

对那些
我们还看不见脚的东西
我们，仍可称它为爬行动物

妈妈，八点钟的新娘
就要刷牙，刷牙
死去的士兵，香料中再次分娩
刺绣的奴隶，从绸缎上醒来
如果没有粘土和羽毛
没有养伤的海盗
清点纸牌，碰落的银币
面朝十六世纪，向后翻滚
大海，终究是个笑话

书写直肠史诗的敌人妻子
手指上佩戴闪电
把不易清洗的地方
埋的更深

三月七日啊，你在哪里
这里，只有积雪
静静等待灰尘降落
几头母牛，通过慢跑获取爱

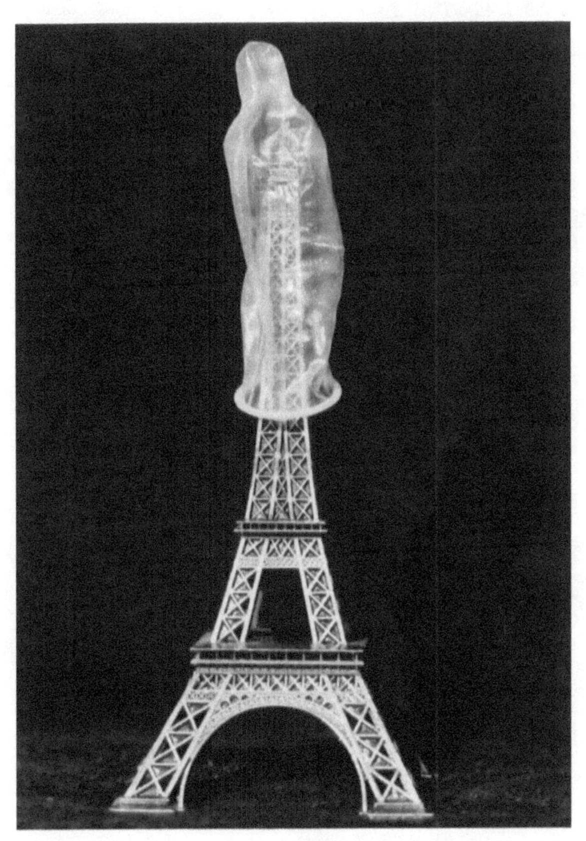

严力（纽约），为空气污染避孕，摄影，1990

张毅伟（上海）

鱼 骨

一群毫无恶意的人
分割了你分食了你
使你成为一件艺术品

然后把你忘了
自那时以来你没有秘密
没有内心

你的痛苦就这样呈现着
美丽而又完整
那曾给你以柔情的水

已经不能体会
你的沉默
和你被人欣赏的心情

或者你从来就没有心情
你只是留给这个世界
一副骨骸一种姿势

大舒舒（上海）

凉 意

猛虎奋不顾身地游荡在
柏油路反光折射的弧线内外
无论灼日，甚或暗夜

它的毛皮流淌落日的熔金
它的獠牙落入正午的暴雨
它睥睨一切。摇头摆尾地
扫过高低楼群
扫过铁皮屋顶弯曲蜷缩的老猫小狗
扫过酒桶外壁汩汩沁出的融水汗滴

我们能做的
只有彻底摊开自己的地图
那是我们燃烧到即将窒息的身体

只有那等待处暑的睫毛上
闪烁着整个宇宙
最初的凉意

喜然（上海）

出暑记

还谈不上胜利
从火焰里起身的风
只怀揣着无所适从的
风向和虚假的凉意
时间的深渊巨力
还不能过早催熟
田园里的谷物，来自
先知的预言也还在
辗转打听一片灵修的
叶子。占领了一季高地的
蝉鸣渐远，大大小小的池塘
在低处的人间
迎来如鼓的蛙声
还谈不上胜利
还不能云淡风轻地
谈论死亡或重生
倚着月亮半开的门

心堪（上海）

立秋说明书

阳光钉住十三点五十一分。
闰六月的针脚在重奏里走秀。
蝉鸣卡壳—热浪里一声清嗓。

母秋裙摆扫过晒谷场。
双数日子正较劲。
玉米叶卷着夏的体温。
翻凉席者盯问竹篾：秋老虎爪印干了吗？

秋光亮得过分。
数得清蛛网沾的暑气。
老人数谷粒："六月的秋是悬镰。"
谷穗挑半粒犹豫悠晃。

风扇转懒了。
冰西瓜甜丝里，风偷塞点凉爽。
衬衫晃成钟摆。
黄叶跳上绳—暂停！

芦苇弯腰，
比日历懂行。
风将所有热度，揉成谷仓圆滚滚的分量。

吴驾（上海）

处　暑

我赶到时，那只无花果
正试图奔赴大地
它身上的伤痕，将会
用新的伤痕去弥补
这朴实的宿命其实含着信念
也有着悲凉，另一只坠落的无花果
敲响了黄昏，蟋蟀的声音
古典而空灵，一尘不染
它划过了树叶、河面、开满夜晚花的郊外
划过了甘于认命的夜鹭
和我之间的距离
所有这些聚拢在一起，无常的云
才会散去，凉风袅袅
可以谦卑如梧桐听雨，也可以
借酒恣意地说出残柳的黄
任荷花一半成子，还有一半叹息
留给月光

崖丽娟（上海）

处 暑

夏日的热浪漫过脚踝
紧跟秋的步伐
季节丛林，从不遵循雨水法则
阳光，连同它的热情
灼灼燃烧。树，把手掌伸向云端
烈日引来滚烫山风
热浪升旋，前浪推后浪
火烧云，随时序渐失了绚烂
暑气渐消，云的泪水就被晒干
炽热留下的绝望，与我如此相像

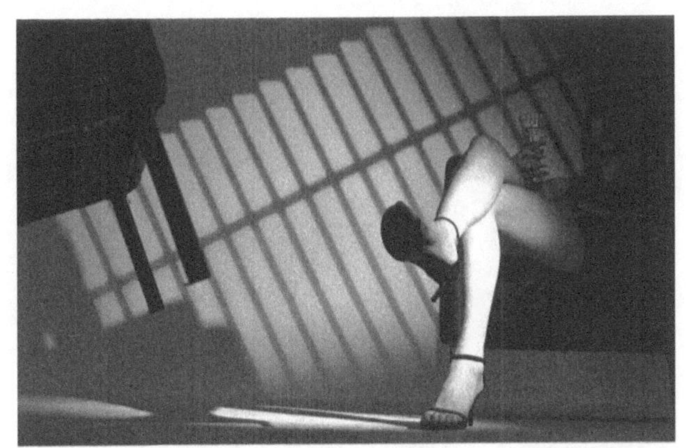

张祖源（石家庄），Sharp Rose 之四，摄影，2025

张耳（奥林比亚）

浅草无底
——给严力

单一线性，焦虑或计划未来
的浅草，吸收每一滴雨
比如春天的毛地黄，这里叫"狐狸手套"
人高的双年生绿植，阔叶，强心
白色紫色藕荷色的口唇，深喉
铺展的浅根喜欢砂质土。没有雨的时候
纳入每一分钟的呼吸、体温和
一过的思虑。意义不断为自己书写
勤快地堆积出这纸质的纪念碑。然而
甚至钢琴黑白分明的琴键下
也牵扯着不确定的弦列。歌
唱晚了，成了夜曲，成了好事
狐仙纤纤素手掬来迷惑人的
甘露。浅草，无底吗？

日推着月，月揽着日
一行人走来，走在一起，走了半辈子
朋友们都老了，像暑热里的
毛地黄，弯腰或折腿
在强光下老眉咔哧眼，枯花皱叶
而下一代的种籽尚未长成，所以

即使我们老得不成样子了，还必需站着
撑着，托着，紧紧握着子房里
越成熟越轻飘的未来
直到有一天它们在风中飞散
世界，毛地黄的意义，修炼成人的意义
余音袅袅琴弦颤抖的意义在于
"坚持"，诗人严力说。园中雨落雨止

写吧，浅草无垠。

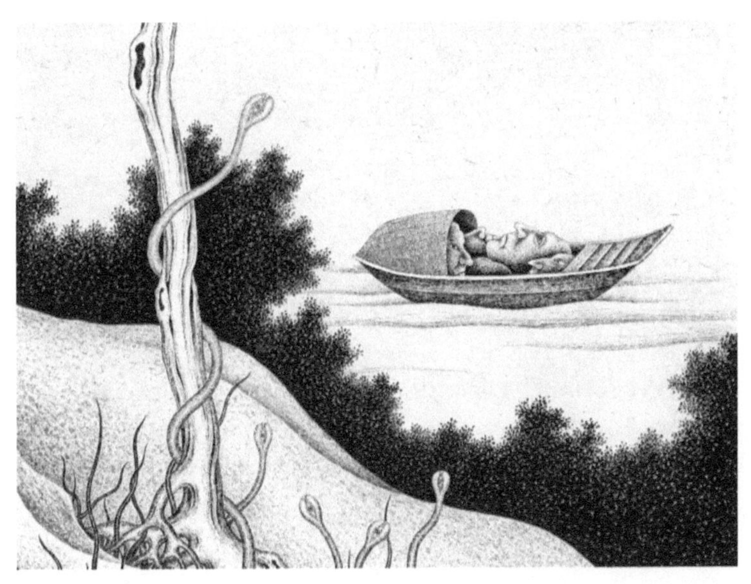

李云枫（北京），山水记忆之一，宣纸·墨。2024

张小榛 （杭州）

四月二十二日

但无人能胜过一句空白的诗
被吟诵千万回。

或许，某些时刻，别的
人民竟能搬动淹没他们的海，
但无人能杀尽远来赴死的
每颗铜风铃。谁将那
掩蔽我们的黑夜储存于湖畔
如江湍流，水声中，一个晚春。

我拾起铜。风铃是静默的
好似蓝布上缝线，许多
机器娃娃沉入雨云，剥着不眠的药。
几片茶叶落进南京路。
西湖，我们沉溺于用这潜望镜
揣测别人流离。

因着惊惶摄人心魄，他走到窗前
撕下一页被神烫过的日历：
四月二十二日，铜风铃落满纸灰。
但无人能刬去湖面，我们
透明如酒精的瞳孔
正注视所有骤雨疾风。

竹林下（咏怀）

向那掩蔽我们的夜告别，向霓虹，
寂静的街灯告别。曾经我们同有
一支向空气中注射日光的针头，
像而今他眼中望见青鸟。

哦竹林，濡湿的叹息与铁砧的轰鸣
浇灌其生长，在夏季自由、自由地窘窄。
他们饮酒，年轻，拔起手枪出去毙掉绝望
的样子倒真好，如移山，如为胡桃剥壳。

若是万事万物都有定时，为何
仍有人将河水剪辑成歌与哭，
当鸟鸣穿过他衣袖？不若取一根竹
让爱在他空的心中结网。

在青瓷内装酒，在青瓷上刻下竹，
虚指的数字如筤箩将我们盛装
在每个光线流过的下午，妄想长城外
没有风的山口，以及若干年后，

谁将挥起发掘我们的第一下锄头。

而今我们挖一条隧道，以赭石与木炭
往那里画上笋。我们躺到大地中沉默着
手牵着手，为了不被列车冲散，
不被春水冲散，或者不被天上星河。

张媛媛（北京）

喜 爱

一切肉眼可见的物种都在此刻惊醒
随后，天空从折页渗出蓝墨

一道光乘尘埃下落，那些不可见的
觉察，极静黎明中细微响动

一粒雪花的消融唤取檐下雨幕扑簌
早春，敲打潮气润湿旧木门

一个躲懒的清晨，在玻璃窗上留下
名字，透过水雾缝隙的笔画

一切肉眼可见的物种都在此刻惊醒
等待，或有一首诗为之垂青

西海子

那道锋利、耸峙的高栅栏
曾打乱我们内心安稳的秩序
所幸，割草机留出夏日的豁口
用轰鸣声掩护一次青草味儿的叛逃
冒险者被推向入秋的捷径

在那儿，一只小鹿永远警觉
洞黑的眼神击中枪口，滚烫的玻璃珠
反弹将逝回声。它的父辈远渡重洋
回归祖籍，跳动的种子刺痛脚底
不敢再深入沉寂的园林

杂草掩映着隐形墓碑，预刻铭文
如蝌蚪游向湿地尽头，在那儿
枯荷卷动泛黄的裙摆，绿头鸭适应
多雨年景，排出整饬的水纹
为迷失的羔羊重建锋刃般高耸的围栏

张政硕（北京）

咖啡的秘密

飞行的夜，帮我梳理一杯咖啡的
秘密："微光下，魔鬼的花正帮我苏醒。"
已是上午，我的光汇于隐秘的泡沫，
那朵魔鬼，安慰我！让我饮下

甜腻的苦酒！我渐渐失去语言休克的
界限，我饮不下那堆绒毛，我发抖，
我谵妄下一场梦中的书语。我讲起陌生，
诉诸你新的欢愉，和新的苦斗。

我饮下一口，再一口苦糖，失语令我
敏锐发觉树枝曾抽芽如新。我的花，
我的种子，正重生咖啡豆的摇滚：

甜腻的凉夏，翻滚着我的舌，
咖啡中的秘密化作一朵人造的魔鬼：
那朵魔鬼，安慰我，吻我！

赵汗青（烟台）

第三幕 大观园群芳散

愿为五陵轻薄儿，生在贞观开元时。
斗鸡走犬过一生，天地安危两不知。
　　　　　　——王安石《凤凰山》

最后一年冬天，我们去吃火锅。
看湿漉漉的红褥子在锅里
绽放成血淋淋的红牡丹。我们笑得肺泡又一轮
绽放了，然后你笑着说："真无法想象
我毕业的那一天，就好像
大观园散了一样。"我感觉心脏咄地一声
坠入了陡然止沸的丹田。像被射杀的太阳
也会跌进东海的大火锅里。

是时候，复活一个孔尚任了。他死了
三百年，死得太安详了，有必要让他
死不瞑目——让他发现棺材板上
美在地动山摇。瘟神黑云压城
暴君红旗半卷，太学的胡子掉光了
掉成了大学。他发现阳间的女人已经
不可理解了，当她当街抓住 250 斤的书记
为民请命，当她在金銮殿般的灯下指挥
香艳的千军万马。腿是军队，腰胯是军队
水袖是攻破的护城河，决堤到他脸上
在生与死之间。他腐烂多年的心脏

在抖，如闺门旦头上的蝴蝶。他看到
一个小孔尚任在哭——披头散发，身挂浴衣
光着脚四处乱跑，年轻得都不够给他
做妾。他看到好几个李香君在哭
是影子，是鬼魂，是回光返照时唯一会
返回的记忆……她们死得
跟自己的死亡那么死生契阔。

当她在定点光中金灿灿地降生，如一座
千百年来一直在死，却始终不死的水晶像
当他们带着满脸的鼻涕泪，公主变小丑的
残妆，三天都收拾不完的美丽废墟
离开——孔先生，徘徊在
空荡荡的戏台上，感受到一种
掘墓人般的爱。

爱是三个人徒手两小时装好
疼痛的水晶灯。爱是奔跑，
从台左到台右，从
破灭的光明到虚构的光明。爱是相信
爱是假。爱是若穹顶
今天就要砸下来，我们
就是好一群醉生梦死的兵马俑。

野梵（武昌）

独　活

独活：一场冰雹敲打着二十年代的
七月和猩红的街道——在惊惶中

多少脊椎松脱，而你再次肿痛的
髌骨和韧带必须独自熬过

这地狱里的一季。其实，你的兰波
早已死了，惟有被他的膝盖

唤醒的铜号，还漂在汉语的孤岛上
朝向内心每天沉浮的黄昏

呜咽——这不是一首诗俯首去模塑的
流亡所能定义的。所有的他者

都不可托付。新世纪的眺望
如此缺乏根系——但必须活下去

一只歌唱的囚鸟，热爱他的名字
你，执守的冷眼，放射碳化的意志

冬桑叶

冬桑叶：开鬼门，遭遇失温
一个失语的人，从你的脊梁骨抽走钨丝

和铜线。太多的鬼汗，接通了一簇簇
冠状闪电——你，还有什么话说

一种从未有过的冷，在厉风中和你一起飘落
邪恶，也可以是精神性的

听——"所有死掉了的声音"
把嘴捂紧，你还在等什么？

再无新的选项，奴役的网格子
你将获取一枚体验极限的虚拟币

理性的来生可能是激情
应该说，你攫住了一种恐怖的美

或者说，咬出了太多的空洞
一棵枯树，竟然长出了四五片叶子

* 选自炼丹炉诗章两则

淳子（佛吉尼亚）

活着的雕像

每个早晨都想醒的更早
每个晚上都想有风景入梦
在午饭后可以慢慢研磨
用咖啡或青柠与茶沐浴片刻的出神

也不是不可以在路上
让风灌满毛孔阳光晒透骨头
相信沧桑可磨青铜之光
是的　其实园丁就是花园中活着的雕像

所以　更多的时候我在园中
貌似我种下的每一棵植物
修剪它们像修剪自己一样认真
皮肤上同样有疤痕封存的故事

窦凤晓（山东）

雾中行

大海涌荡着，在身后一路尾随，
树木，从道路两侧围拢了手臂。
团团褐色于浓雾中洇出，散发出阵阵
可可的芳醇。染过一身香，夜色
完成了指认：是他们！

是他们：应许雨下在了昨天，
应许休息天改装了礼拜五。
应许者们，踏着秒针加入舞雩的词。
领取语义最高奖赏：长久哑默之后
仍能敏锐地感光

黑白相机对应走失的年月，
嘴唇在翕动而语言被催眠了。
因为源源不绝的皱褶作为倔强的赠予，
因为不受局限的自由强化为迫切流动，
预备拧进玻璃星球

辛晔（纽约）

吹号手

秋老虎来了

黑色小帽子
在太阳下
在汗水的盐里
反光
昨天的鼓敲累了
腮帮子挤出的乐声
时长延伸两倍
再停顿三节

疲劳的音符一路追赶
但赶不上
不落的星条旗

*法拉盛街头犹太艺人吹奏美国国歌"星条旗永不落"。

2025.8.9-10

烟　花

火药奔出纸糊的身子
天空乱溅飘逸的裙带
爆炸也是温柔

烟火的和平噼里啪啦
高潮这件事
并非战场独有

2025.7

蹲

走久了蹲压几下腿
腿自存着解乏秘方
只需两分钟
我就给自己颁发了锻炼奖

而图书馆前的老者
纸烟一口接一口抽着乞讨
一蹲就是半天
他不知何时收到由施舍签署的
奖状

2025.6

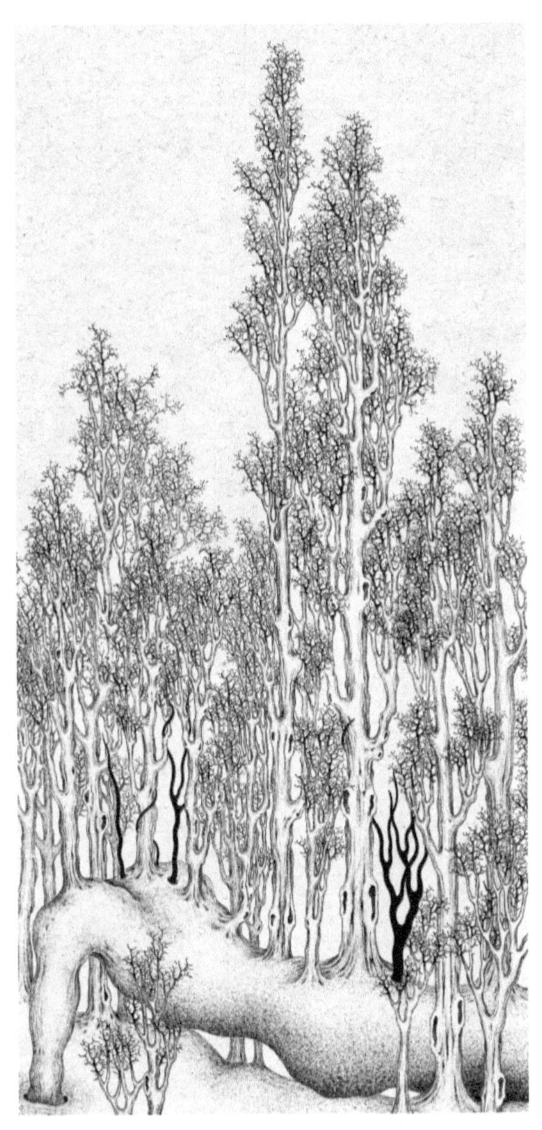

李云枫（北京），山水记忆之二，宣纸·墨。2024

山橱（成都）

日　光

侵晨日光在別的地方
看不到它
僅僅能感受它
在別處清涼光輝
色淡而白
像長長的餘音
漏洩過來
正午始它無聲息蔓延而來
滑過窗前愔愔的水仙花
和室內牆上莫奈的睡蓮　光影愈明
短暫駐留
旋即一寸寸游移
萬物因而映麗
它也在移動中化成橘紅的夕陽
拂過房間
室內黯然
如無聲的嘆息
和它的影子並餘溫
混合在一處

对 抗

四月　櫻花雨漫天
人站在樹下
也做了一片櫻花
零落成泥
只為世代花雨不息

沙啞的鳥聲晨曦
破曉而鳴
雖然曙色也聽不懂它
在講些什麼
呀呀

云奕奕翩翩
雨瀟瀟颯颯

黑色的天幕紋絲不動
唯有花
唯有鳥
深淵空洞便不能
沒有止境

雪句一组

時令乘坐秋雨之舟　由夏至秋
舊愛如夏之日　新愛如秋之月
「文字可以引導人的思想」　此時文字是溪流　思想之舟
順流而下

秋雨　蟬的輓歌
唯有自由的思想可以在任何一個地方築巢
受人恩惠的人　行走在善意鋪就的青草地
婚姻始末　夫妻筋疲力盡合作畫完一個大大的圓圈
像上帝一樣活著便是走向上帝
烏雲有些鬱悶　醞釀了許久也發不出暴雨般的脾氣

「得」如登山　「失」下山
天堂裡的人極少做地獄的夢
倒是地獄裡的人常做天堂的夢
生命的意思即是它與塵世的相戀
模糊的念頭被人的行為描繪的越來越清晰

一顆果實的一生只是為了「成熟」
強勁的風肆意吞掉一切微弱的風
徒勞的事總被人反覆去做
高處白雲　天空的浪花

寂靜的四圍　若世界不存在又恍若整個世界盡在眼前
藤纏繞著樹生長　不過更會借力罷了
赤日炎炎　乘涼的庖丁們
愛情如流星　人們總幻想為恆星

思静夜（武汉）

疏　离

疏离。言词所能抵达的距离
无限延展。沟通只意味着
再划一道更深的沟壑。
冬夜。背景抽象。窗，黑暗中
一扇裸露着的眼，无所思索地
望向别处。
没有更多情绪需要梳理。季节和人
都冷却下来，不再敏感。期盼落入
心知肚明的结局。
资讯愈发即时便捷，但你我在同一张网里
陷入千年陌路。想起多年前，一友人
突然留言说：天下没有不散的宴席。
虽然我们也从未相聚过。但我知道
那就是告别。散聚或相离
并不预设实体。
感性的形式并不必须。
正如言词并不必须。
心与心的相通并不必须。

2023.11.27

日常如此

总有许多猝不及防。比如冬已了，
比如南方的冻雨和暴雪，比如枝桠从头顶
落下，比如人潮人海中那些突如其来的滞留与离去。
抱怨纠结而后忍耐并接受。日常如此。
泡影依旧是泡影。勘不勘破都无妨。风暴里
冰雪泥泞时，那间亮着灯盏的屋子便是你最美的乡愁。
而屋内劳神于烟火的人，正渴望自由与远方。
在在都是水火难容的元素。所谓两全其美不过是
一厢情愿的别名。日常如此。大红灯笼
复又挂起。烟花还是从前的缤纷色彩，
炮竹还是从前的火药味道——万家
团圆的日子。血脉的迷幻。
"到处洋溢着快乐氛围"，一个时代的悲伤隐喻。
你就是那被嘲讽的梗。幸或不幸，你都得脚踏
历史的裂缝，一边践行一边唾弃
一边唾弃一边践行。
生活总得这样，不堪重负也要忍辱负重。
没道理可言，生存就是一切。
总有许多猝不及防总有许多身不由己
充斥着你那不为人知的
乌有梦境。日常如此。

2024.02.05

云中雀（加州）

123

雾港夜泊

堤岸漫长而不修边幅
记忆也似漫不经心
缠绕成一簇墨绿色海藻

海浪翻动起一页页
泛白的信笺
念出礁石潮湿的名字

我与桅杆微微摇晃
落下寂寞和帆
朝天祭出木讷的避雷针

港湾暗系一只
生锈，沉浮的铁锚
鸽子闪动着黑色翅膀

一生就这么浪费了

房子住久了也会生情
尤其是在这个盛夏的当午
除了我谁还能听到
那短促的咔嚓声

应该是大梁或
脊椎干裂时的疼痛
这些木头年轻时不说话
老了忍不住开口了

年少时被风看轻
却决意承最重的梁
六十岁等到漂回的空船

而我的一生也将在时间的
噬咬中白白地浪费
好像从未拥有过自己的青春

寒山老藤（纽约）

字典外的墙

六月　我时常失眠
倒不是焦虑　盛夏的袒露
一整夜的雨滴破碎声里
终究没有　你心事的落地声

雨后的早晨
墙前的你　是青色的
晨光　早已排满了预约
今早　又去照亮墙外的鸟鸣

雨迹　在耗尽绝望后
越过了墙头
你也消失了
隐约中　墙上多了道裂缝

2025. 6. 5.

湖边（加拿大）

独自偷欢

万马奔腾很好
但我更喜欢千里行走的单骑
喜欢高僧发下的宏愿
喜欢他的一意孤行
在夜遁长安的名单里
他是汉家的单于

风吹草低很好
但我更喜欢随后现身的牛羊
喜欢牛羊群里的节杖
那多像大漠里的孤烟啊
在季节转暖的时候
有一只南归的大雁

在西天取经的古乐里
我是充数的滥竽
现在很好
但我期待明天

张宗子（纽约）

所有事物都变得孤独而缓慢*

雨后半腐烂的圆木栏杆上
苔藓点出一点绿意，是在两次漫长的沉睡之间
又一次醒来。更鲜明的绿统治着
这片微不足道的天地，苔钱如花，如新龟
如某位读过即忘的先哲背上的胎记
抚摸它们，就抚摸到了诗中
那些安排未妥的词语，粗糙，带着适度的坚硬
或许那也是美的
因为诗相对于既已存在的世界
本来是一种偏执和怀疑

朱槿初开，淡白色的绣球依然逐次开放
在雨后，尽管夏季的雨是短暂的
朱槿偶尔会在空旷的地方恣意舒展
这时我就看到了世界的真实形态
而篱笆，垂着红果的枸杞，铁丝纠缠的金银花
说不清名称的藤条和小灌木
还有朱槿，我能嗅到它们各自的苦味
被它们的刺扎破手背
迟开的金银花在正午的酷热中也是芬芳的
我能知道什么呢
创造者只展示他的创造
像一枝蓝花的鸭跖草，无言而且沮丧

天气好的时候
回家路上我会在楼阴的栏杆上坐一会儿
享受凉风，看胖乎乎的土蜂绕着栏杆飞舞
在它们眼里，我是个闯入者
但它们从来不打扰我
它们嗡嗡的声音像催眠曲
干燥但不锐利
我们身后是早已开罢了的垂樱
几丛蔷薇或是月季，经历了岁月的圆木
灰得那么随和，和我们一样
已经忘记了什么是愤怒

在这里我还认识了一种名叫千屈菜的植物
细叶如柳，簇拥着成串的紫花
蜜蜂在花穗上拱来拱去
像拱土觅食的猪一样严肃和专注
我把鼻子几乎贴到它们背上
嗅不到一点花香
那会酿出怎样的蜜啊，想想那甜味
竟然是一种闲情
一种虚构

夏天会变得越来越漫长
到头来
所有事物都变得孤独而缓慢

*题目这句话据说出自海德格尔之口

2025.7.15.

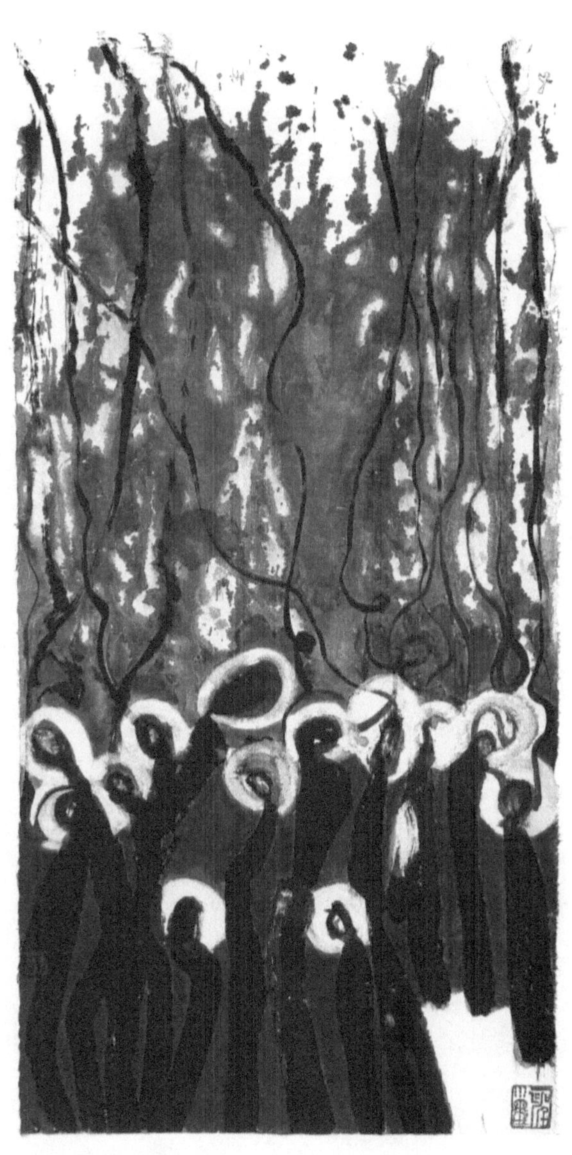

岛子（纽约），圣灵降临之二，纸本设色。100X50CM，2023

赵德伟（纽约）

墙上奔跑的人（一个异梦）

夜很深了，但没有黑。

这是一个巨大的房间，没有门，没有窗。
天花板高得看不见尽头，
房间里竟然长着一片树林。
枝叶静静地晃动着，
像一场藏在屋里的风。

我们睡在地上，每个人的手里都握着一把长枪。
枪是我们最后的依靠，
可我们心里都知道——
如果危险真的来了，这长枪可能派不上用场。

我们得罪了某种力量。
是人，还是命运本身，已经说不清了。
它派来了老虎，或者说，我们以为那是老虎。
它不是来觅食的，
是来复仇的。

我躺着，盖着被子，尽量不动。
空气里传来一种沉重的气息。
它来了。

它走得很轻，

但每一步都像在心脏上碾过去。
它的鼻子贴上了我的脸颊，
冰冷的，湿湿的，
像一把刀子在皮肤上探路。

我告诉自己：
只要我不动，
只要我的身体藏在被子里，
它就不会咬我。

它果然没有咬。
只是轻轻地闻了闻，
然后——
它躺在了我的身上。

我感到了死亡的重量。

我的妻子就在我身边，
她也许睡着了
她的手也许握着枪，
可这个距离，根本不能开枪，
一开枪，不只是我，大家都会死。

我后悔没有带一把短枪。
如果有短枪，
我也许能在它咬下来的瞬间，
把它的喉咙打穿。
我想杀死它，
可是，机会并没有来。

我只能屏住呼吸，
假装自己已经死了。

不知过了多久，
它终于走了。

天亮了。

人们醒来，
开始在房间里挖土豆。
是的，尽管房间没有出口，
尽管头顶的危险还在，
大家还是要继续活下去。

可我不相信那只"老虎"真的走了。
我走进了树林，
我知道，它还在那里。

可是，当我扒开草丛时，
我才发现，
从一开始，我们就搞错了。

那根本不是什么老虎，
是两只豹子。
两只异常健壮的豹子，
它们的体型大得几乎和老虎一样，
也许昨夜，它们轮流在我们中间游走，
可在黑暗中，没人看清楚。

豹子看见我，

立刻朝我扑来。

我没有别的办法，
只能飞起来。

对——
我不知怎么的，
竟真的飞了起来。
脚步离开了地面，
贴着墙壁奔跑，
在树丛上穿梭，
身体像风一样滑过空间。

我一面飞，一面大喊：

"这里有豹子！
我正在引它们过来，
你们准备好枪！
等我把它们引出来就开枪！"

人们听见了，
举起枪，
豹子被我引到了房间中央，
几枪齐发，
它们倒在了地上。

大家都惊呆了。
他们围着我，
问我为什么能在墙上奔跑，
为什么能飞。

我说不出来。
我只是知道，
这是我必须做的事。

过了一会儿，
有几个人开始模仿。
他们试着跳起来，
结果真的飞了，
真的在墙上奔跑了。

我心里一紧。
有一种说不出的情绪，
在胸口翻腾。

我以为，
只有我是特别的。

可现在，
大家都学会了。

我是不是，
就不再是那个被仰望的人了？

这念头让我有些刺痛，
但很快，
另一个声音在心里响起：

"你不就是希望，
他们都能飞吗？
你不就是想让更多人，

能面对危险时不再绝望吗？"

我抬起头，
看见墙壁上，
一个又一个人，在奔跑，在飞。
他们的脸上，
有恐惧，也有笑容。

我站在墙上，
心里忽然释然了。

我知道，
这才是我要走的路。

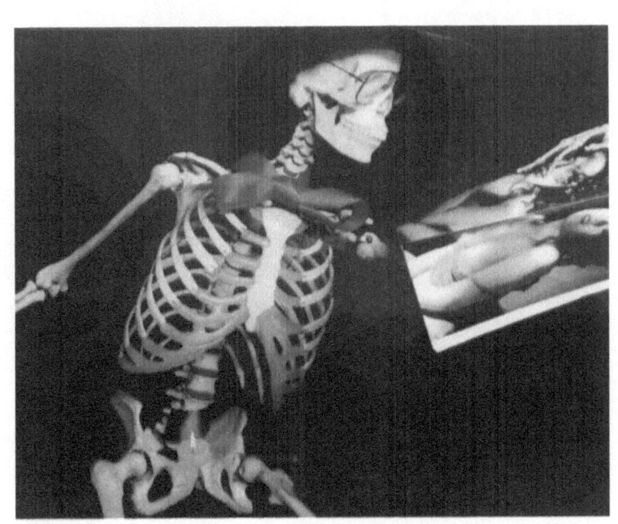

严力（纽约），浴火重燃，摄影，1991

我教你们飞

孩子，
你以为我让猛兽靠近，
是因为我离开了你们，
其实我是要你学会看清：
危险，不止一只。
它们轮流守着，
在夜里，在黎明，
在你不经意的缝隙里，
逼近你的生命。

你们把一切想得太简单。
总以为，
熬过一只老虎，
就能高枕无忧。
但我告诉你，
世界不是一场单线的逃脱，
而是交错的困局，
一场接一场的训练。

我让你学会飞，
不是为了让你成为唯一，
而是让你去引领。
你在墙上奔跑，
在空中翻跃，
本该如此。
这是我为你预备的路。

后来你发现，
别人也会飞了，
你心里有一丝失落。
孩子，
我知道。
但那不是你的荣耀被分了，
那是我的荣耀被成全了。

我不希望只有一个人会飞，
我希望整个群体学会在墙上奔跑，
学会在危机里腾空，
学会把死亡踩在脚下，
就像我把死亡踩在脚下一样。

你还记得吗？
我本来就是这样带领你们的。
我是道路，
也是飞翔本身。

2025.7.22

Ruby Li（纽约）

窄　门

跌入论断的窄门
睁开眼仔细看看
内心'梁木'为何视而不见

祈求，大能救你出那危境
寻找，顺当的日子面带崇敬
叩门，光芒带你倏然苏醒

披着羊皮的撒旦没有羊的生命
或许有生命的道理
却没有生命的实际

好树一年四季有新枝
干瘪的葡萄，不接好果子
丢在熊熊烈火之中吧

瘦弱不静的心灵，坐在那里
——哼着单调的曲子
这单调乏味的曲子，什么时候停止？

虔诚的殿堂所奏出的乐曲
安居在贮藏无穷智慧的宅邸
上帝的旨意在你我心中栖息

注：'梁木'这里指大错误。

2025.7.7（补记 2025.6.20《马太福音第 7 章》 查经有感。）

七个比喻（十四行）

撒在路旁浅石荆棘以及好土的种子
飞鸟吃尽，无根枯干，长后挤破，壮实百般
稗子和麦子外形酷似，盘根错节难分彼此
收割者将稗子薅出烧着，仅收麦子当谷盘

百种里最小芥菜但拔出几米大树起
妇人藏在三斗面里之面酵蓄势发团
若遇见藏在地里宝贝欢喜撒下财计
买卖者争相寻找一颗重价好珠围观

撒在海里网罗拣好物要收在器具里
被拉上岸且把不好东西丢弃到死水
世界末了天使要出来把恶人都分干

受教天国门徒拿出新旧东西耶稣指
义人发出光才像太阳一样闪亮耀世
耳可听应当听收割之人予喜乐平安

备注：本诗采用英文十四行 ABAB， ABAB，CDE，CDE，末尾脚压韵格式）
马太福音 13 章中有七个比喻－〔 〕前四个比喻是耶稣在船上公开说的：
撒种者和四种心土（路旁、浅石、荆棘、好土）稗子和麦子、芥菜种和大
树、面酵
－〔 〕后三个比喻，是耶稣在屋里私下对门徒讲论的：田地里的宝贝、海
中的珍珠、撒在海里的网.
2025.8.29. 马太福音 13 章查经有感）

申义家（纽约）

逃不出去了

逃不出去了
什么时候进来的黑屋
黑色门框上无数黑虫蠕动
水滴声不远不近
每一滴都掉入地底深处
午夜强力催眠曲
多么单调却永无止境
适合一个人留在梦里听
像一种无休无止的死

墙上相框陷入黑色沉默
一个影子缓缓伸出长长的胳膊
那是一条走不完的黑色走廊
每扇门上标着不同记号
每个记号变幻着奇怪的色彩
像许多人经历的不同死法

谁说一切都是时间的礼物
必须伸出手恭敬接过
逃不出去了
一个许多人一起完成的梦
黑色恐惧流出黑色血液
走廊越走越长

每个编号还在接收新的信息
每个影子还渴望逃往另一个房间

逃不出去了
等待一个微弱光点
一间半黑半明的屋子
放弃所有游戏
墙上的时针原地摆动着
像个从未诞生世间的数字
谁在我的黑屋子里
如果从头到尾只是我
逃不出去了

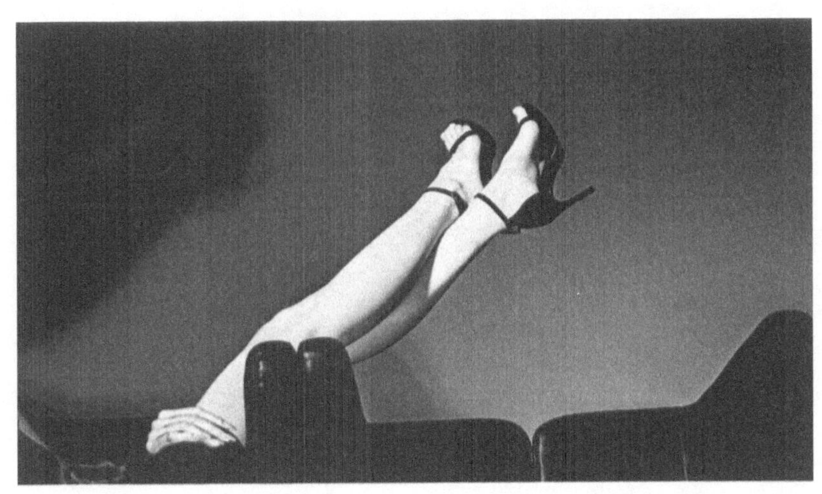

张祖源（石家庄），Sharp Rose 之二，摄影，2025

小黑塔

血缓缓流着
控告着来不及转身的谋杀者
为什么是我
梦里无法冲洗

一双沾了血的手
进来了就别再想出去
此刻光明离我只有一寸
像一朵花在夜间绽放
一条鱼在地上挣扎
深渊刺痛着闭不上的眼
灵魂到最后是不是也这样
像片黑云久久迟疑着
无法移动也来不及离去
只得一点点失去重心
一丝一毫都不剩

步姿（苏州）

有风的八月

上海郊外的轻轨
天空无主的蓝
稻田醉目的绿
匆匆赶路的人群
漠视亲爱的自然
现代人渐渐地
失去了感受力
你没发现吗
人们对待生活的方式
与大地想象的不一样
热烈的八月
天注定八月可以永恒
不要让你的麻木
跨越你意志的门槛
从早到晚
梦境与飞翔
白云没有仇人
也没有朋友
光与自由属于所有人
把握与生俱来的你
触摸着风活着

2025.8.16

一刀（马萨诸塞州）

对不起

我太在乎脸面
每天往脸上
抹很多护肤霜
而最对不起的是
脊梁
每日为我
负重前行
让我
抬头挺胸
可我想用手抚摸一下
也做不到

2025.6.29 兜湾斋

申初（纽约）

疯

人都说她疯了
她便三心二意地疯着
比人说的更疯一点
白天找条陌生的街道游走
走啊走啊
直走到天渐渐黑下来
像走遍生前死后所有日子
夜晚才疯得让她害怕
处处是没有声音的人
一排排看不到尽头
齐刷刷轻飘飘倒下如落叶
带着余温的身体一堆堆
像一座座小土坡
各个穿戴整齐
从这一堆出来爬到那一堆
她不知去往哪里
世上没有一个地方属于她
只有白天黑夜
不冷不热三心二意地疯着
像一个真正的疯子

不 如

不如散乱一地
不如路边细小野白菊
不如街角堆了一晚的枯叶
死是世间最安静的声响
走了埋了
活得像场无人在意的葬礼
街上满了不知离去的游魂
那是早已注定的结局
世间最好最坏的用意
不如一场葬礼
尚有余温或突发腐臭
想象最后一次相拥
仿佛不同的尽头
不如一场瓢泼大雨
任凭天地像诗一般茫然不解
任凭所有被风撕碎飘落
谁像星辰一般老去
像滚烫落日徐徐闭上双目
即使命悬一线
却仿佛天地辉煌

左拉（加州）

加州海牧场

——于加州瓜拉拉

一

赶海的人把海赶上了陆地
并在布满野花的山坡上造了看海的塔
像一个爱不释手的新郎
秃鹫也在此盘旋
母鹿带着小鹿散步
果实成熟着
一个个无形的漩涡里
动物植物在此聚集
一同落入海的魅力

二

在海边的小屋
听海风吹动细小的野花
吹散悬崖上的尘土
吹就傍晚的迷雾

海岸线变幻着形状
铁桥无中生起

来来往往的人
唱着自己的故事
去往心中的故土

某个点燃希望的蜡烛
就是那灯塔在不远处

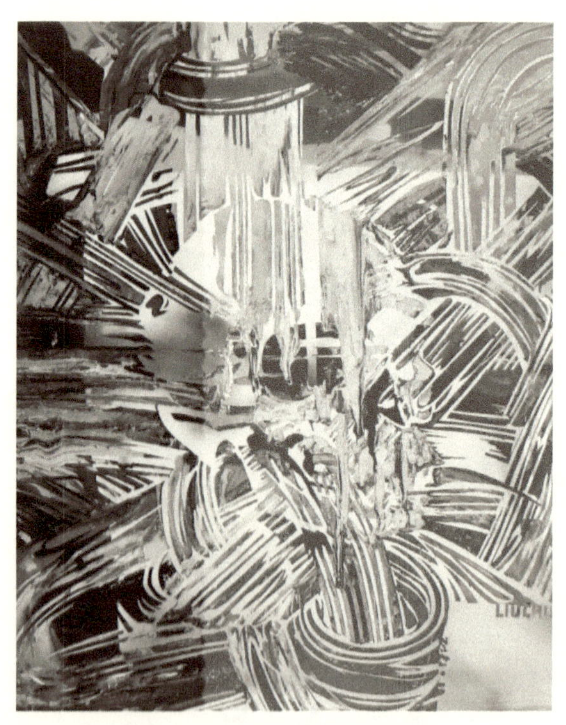

刘传宝（青岛），肖像，金属着色，100X122CM. 2019

晒太阳的白头鹰

——华盛顿州的圣约翰岛

雨水像酝酿已久的婴儿
犹豫不决地落了地
在湿润的空气里
我们朝着灯塔出发
走过盛满露珠的狗尾巴草地
拖着喝饱了的鞋和裤腿

蛋糕一般两层的灯塔下
游人朝塔顶张望
十米高的塔尖上
一只年轻的白头鹰在晒太阳
打湿的翅膀微微开张
乳白发冠的脑袋
警觉地一百八十度地打量

它看到了人们的仰望
野草流泪托举着埋藏在地下的希望
它看到了海鸟呼啸越过头顶
寂寞的海岸线在风和浪的摩挲里留下时间的倒影

它等待着，如天地之间的王
用最冷静的双眼
看焦虑和追逐落为随风而去的尘埃

周德芳（纽约）

致所有未曾染尘的相遇

晶莹透亮的纯真
相遇时尚未染尘
童子们眼里的星辰
点亮了
佛前的油灯
嬉戏着在花荫下翻滚
用笑声给圣殿涂满初心

天使亲吻天使
露珠相互辉映
在宇宙的襁褓里
每粒尘埃都是珍品

初绽的般若
和稚幼的善根
彼此的皮毛结成连理
陪小狗沐浴
甜美的落日余晖
帮小猫嚼碎
春天里花蕊的香味

爱的轮回
开满慈悲

此情此景
突然想起了
暗夜里饥寒的瘦犬
和无家可归的人类

2025/6/6

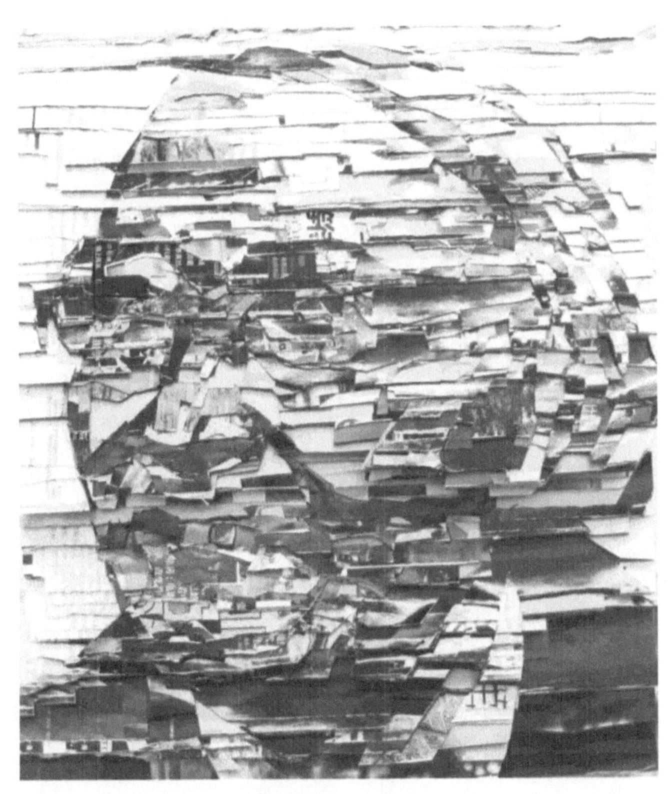

李枪（纽约），岛子像，用纸本杂志撕拼制作。40X30CM，2017

恨意绵绵

我恨
一切不肯放下的屠刀
不曾飘雪的冬季
还有神不悦纳的骄傲
我痛
战壕里渐渐冷却的
年轻的心跳
让我的恨　长出新的棱角

所有的苦难
都在我恨的枪管射程之内

我更恨自己为什么还会有恨
跪穿了忏悔室的木槛
捻断过无数佛珠
为什么心海深处还沉浮着
一叶恨意绵绵的冰岛

求上苍赐我超能
把爱与祈祷
用毕生的眼泪雕进崖石
让所有的锋利
都变成柔软的藻
把一条条恨意书写在沙滩
静候大海慢慢涨潮

2025/5/29

楚鸿（纽约）

2025 独立日后

落日的血管迸裂
感染了黄昏。屋顶
有旗帜疲惫地立正
向黯去的彩霞
致敬
萤火虫聚集，在公园草地上
燃放起又一场烟花
倔强地模仿着
昨夜高空的绽放

藤则（杭州）

梅雨季篝火

我点燃木头，像创造了一个新灵魂
舞动着，模仿着人的动作
我慢慢地适应，成为一面镜子

噼里啪啦的吞噬，我却是静悄悄地
把自己咽到肚子里。羡慕我创造出的生命
只能看着影子，自卑渗透进来

雨水持续拍打在伞上，伞鸣叫着
鸣叫过后新的生命消失在水幕里
可怕的沉寂，标志着一次永久的离开
发抖：冷，害怕，怜惜，又难过

雨从前天开始一直下，持续地浇灭
新的红黄交替的光。如果对湿透的木炭
保持沉默，我又将如何
面对身上喷涌的热浪

朱临湘（亚特兰大）

挽　歌

（一）马桑树

砍倒苞谷、
推走稻田。

用一个村庄的希望，
换来一棵雌树——

比真的高，
比真的绿，
比真的结果多。

立在群山里，
赖在无名河畔。

像具鱼骨，
插在湘西的咽喉上。

终结了母亲生命里
最后的丰收。

（二） 乔木的后裔

乔木的后裔
以灌木的姿态
苟活。

（三） 被攫取的

被攫取的
岂止是庄稼
岂止是土地
岂止是母亲和记忆。

被攫取的
是土家人
世世代代的情歌

禾秀（唐山）

青　蓝

我也到了这样的年纪
开始理解一个人为什么会像植物一样慢慢收缩
也像植物一样最后浓缩成一粒果实

他们把自己放进旅行箱
随时准备远行

那是一种多么安静的色彩
所以，你知道义山的叹惋里有多少繁复的追忆

所以，当我打量四周
"痕迹"是一个多么可爱又可贵的词
所以，你能理解我为什么称呼你是
——亲爱的伤口吗

当天色更深些

我们从各个方向往家跑
每个人心里的雨早就下起来了
气喘吁吁打开院门
院子里一切都是无辜又无助的样子
有时我并不知道是应该先找个大盆盖住酱缸
还是先拿起簸箕收铺在地上的粮食
或者是先去晾衣绳上把还未干透的衣服收起来
还是先跑到柴垛前准备雨天用的柴火
院门外的牲口也需要牵回棚屋
鸡鸭鹅需要尽快从田野里、池塘里找回来
那么多的事儿要干，年轻的父母都失去了好脾气
他们大声指责着对方，有时候也会把矛头转向我
此时，我什么都不能说
除了跑来跑去干自己能干的活儿
直到一切就绪，大家喘着气坐下来
如果雨云只是路过
或者老天只是象征性地下了几点零星小雨
似乎每个人都会替它意犹未尽

比写诗更好的事

我愿意告诉你我现在的生活
买菜，做饭，整理房间，收拾花台
我还买不起一座花园
我会在午后一个人沿着陡河散步
两岸的花都开了
带着微醺的表情看着我
遇见钓鱼的人我会放慢脚步
遇见下棋的人我会放慢脚步
遇见跳舞的人我会放慢脚步
只有遇见另一个跟我一样独自散步的人
我才会加快脚步
我担心他是个诗人
担心他突然拉住我的衣角
给我看胸口的夜莺和玫瑰

鹤轩（河南）

一个阴雨天的下午

投递员简送来了苏格拉底邮寄给我的包裹
外面一层像树叶制成的纸袋散发着棕榈的香甜味道
我满心欢喜地对头发湿漉漉的简点点头
示意他进屋暖一下手
或者说分享一下我收到这份礼物的喜悦——
"很久都没有收到一封信了
而我的邮箱光滑干净
我每天在盼望一个或一些人能给我寄来一些字词
我将循着那地址
回赠他们没有历史没有政治没有风暴与漩涡的宁静"
他露出好看的牙齿，友好地对我笑着——
"你是幸福的，我确信
尽管你从未下过山去，可你的眼睛像纯净的小鹿
打开看看伟大的苏格拉底寄给你什么智慧的书
我已经迫不及待
这是我做投递员这么久遇到的最惊天动地的事情"
我感觉到兴奋晕染了我的脸颊
眼睛也有想要流泪的冲动
沾满紫荆花香的手也在不自禁地颤抖
"打开它"简再次要求我
而我像遇到了最棘手的难题无处下手
他深吸了一口气，拿出随身携带的刀片，
轻轻划开封口线

小心翼翼的样子像迎接初生的婴儿
我闭上眼睛等待他如擂鼓的惊呼
他的声音变形了——
"哦，多么洁白的一本书，一个字也没有"

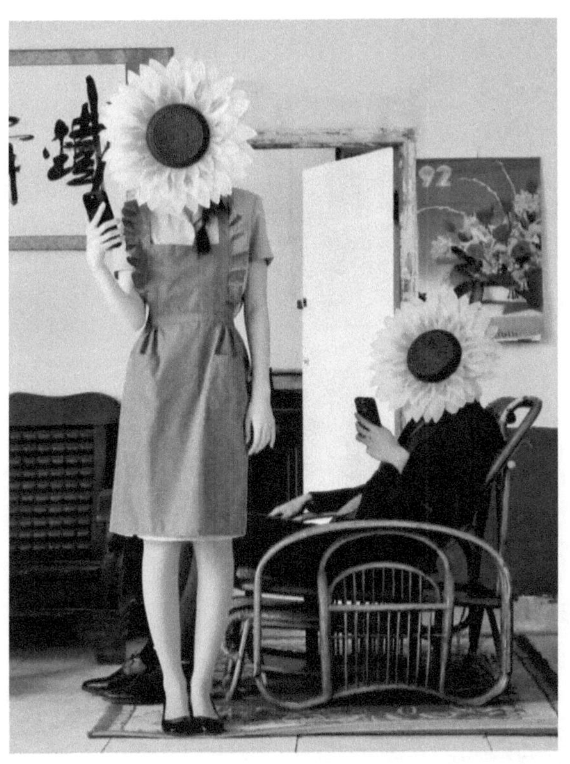

樊颖杰（湖南郴州），婚后的两棵向日葵之一，摄影，2025

黄小线（南宁）

蓄空的生活修为

少年被雨声吞没
雨水从瓦片间渗漏下来
他无法修补缺口，只能搬来木桶接水

那个晚上，他坐在木桶边数雨滴
那个晚上，他耗尽了刚起的野心

压

我听闻，一切如风过耳
我听闻，留下的一切都是假象

我曾有两舌，如今被人割掉其一
我只能表达两种爱

自己的美人，别人的江山

子川（南京）

在北戴河踩死一只黑蚂蚁

通向海边的小路上
踩死一只黑蚂蚁
海浪，在不远的前方闪烁

接下来的假期，令人沮丧
我跟这只黑蚂蚁
前世无怨，此生无恨
我生活的地方远离大海

走几千里路，践行一个宿命
令人对上苍敬畏有加
由此涉想，命运加给人的境遇
又有什么可抱怨

挫败的心情，随时可以产生
比起不幸的黑蚂蚁
我的幸运何止是一点点

北戴河践蚁感怀（旧体）

164

暮雨幽燕蚁碾尘，
风涛海上浪频频。
何来天遣非吾土，
未信人言误此身。
一步堪惊常引咎，
百年还念倍留神。
临波涉想枯荣事，
乙巳前头是甲辰。

译诗与评论

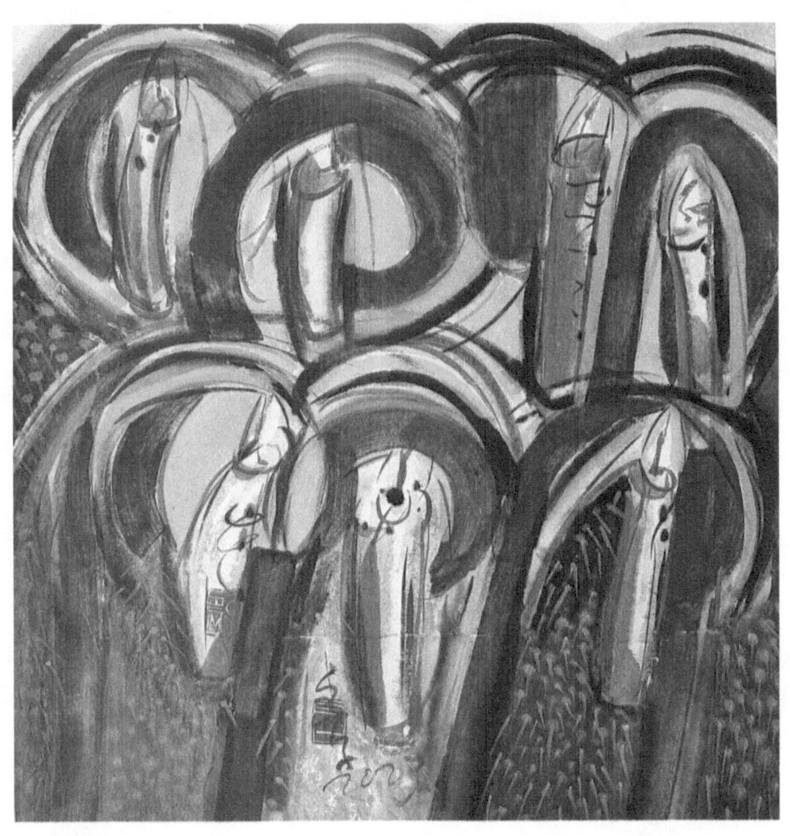

岛子（纽约），无题之二，纸本设色。100X100CM，2023 年

中国古巷

曹小航（上海）

水墨里
眼光向虚空一掷
夜的阴影嵌进浮雕
半堵城墙
画个门框
给历史留一条退路

背靠明清砖瓦
芦苇苍苍
活出风骨

而我近视
不知真相在做
须臾做新一个朝代
做旧一碗清茶

以黑白钩沉
一方阅历的砚台
用焦墨吆喝

Ancient Chinese Lane

By Cao Xiaohang Tr. Jian Jian & Melissa Li

In ink and wash
The gaze hurls into void—
Night's shadows carve themselves in reliefs

A half-ruined wall sketches a doorframe
Leaving history an escape route

Leaning on Ming-Qing bricks,
Reeds stand tall, breathing strength through mist

Yet vision blurs
Unaware what truth is weaving—
In a breath, forging a new dynasty, aging a bowl of tea

Fishing up the past with black and white—
The inkstone cries in burnt-black veins

真 知

作者：奥斯卡·王尔德（爱尔兰）

翻译：岩子（德国）

你无所不知，而我在徒劳地寻觅
可耕耘或播种的土地——
布满荆棘和杂草的黑土地，
无所谓落泪还是下雨。

你无所不知，而我束手
坐等，两眼一抹黑，
直到面纱终于被掀起，
大门终于被打开。

你无所不知，而我是瞎子。
但我相信自己不会枉此一生，
我知道我们会再见，
在神圣的永恒里。

The True Knowledge

Oscar Wilde (Irish)

Thou knowest all; I seek in vain
What lands to till or sow with seed -
The land is black with briar and weed,
Nor cares for falling tears or rain.

Thou knowest all; I sit and wait
With blinded eyes and hands that fail,
Till the last lifting of the veil
And the first opening of the gate.

Thou knowest all; I cannot see.
I trust I shall not live in vain,
I know that we shall meet again
In some divine eternity.

终极仰望

朱 良

常言说"人不可貌相"，可当气度不凡、穿戴考究，衣履之间自具华美之气的一张照片放在我面前，并被告知，这就是"唯美主义集大成者"的英国诗人奥斯卡·王尔德时，我是深信不疑的——仅冲这仪表。

就连王尔德自己也说，"只有浅薄的人才不以貌取人"。我可能无知，但未必就"浅薄"。

说到王尔德，不得不提及他的"唯美主义"——以艺术的形式美作为绝对美的一种艺术主张，并由此想到他的诗作《真知》。

诗中的"真知"到底指的是什么？是诗人所信奉的"唯美主义"？还是"绝对真理"？或者是"客观世界"？以至于"我"等只能"徒劳地寻觅可耕耘或播种的土地——布满荆棘和杂草的黑土地"，且无缘与"真知"高攀？

所谓"唯美主义"的"绝对美"，不仅是"脱离现实"的，更是"高高在上"的——即"美的至上主义"。如此说来，诗中"我"的所有"实践"，当然都是"徒劳"之举，与"唯美"无关——无论是因其悲情而"落泪"，还是顺其自然地"下雨"。

"你无所不知"——显然是对于"真知"接二连三地的反复强调，但并不能用来说明"真知"即"绝对真理"。而我更倾向于"无数相对真理的水滴，汇成绝对真理的长河"如此形象的论述。这让"我"面对"真知"，由隐隐的"自卑"到全然的"悲观"，索性——"只有束手坐等，两眼一抹黑"的随它去了！

况且，即便是按科学界的说法，人类目前只能认知世界百分之四的存在形式——这和"我"的"两眼一抹黑"又有多大的区别？

在"客观世界"的"面纱"被"掀起""大门"被"打开"之前，唯有"坐等"，尽管是如此这般的消极。

"我是瞎子"，但"心"没死——面对可望而不可及的"真知"，"我相信自己不会枉此一生，我知道我们会再见，在神圣的永恒里"。

这最后一句"神圣的永恒"，分明是将"全知全能"的"上帝"赫然推出，并因"我们"最终的"再见"而抵达"永恒"。

可我为什么直到最后才"恍然大悟"到"上帝"？难道对上帝的"无所不知"心存疑惑不成？

不得不说，关于上帝"全知全能"的概念，由已形成的"悖论"证明是有"缺陷"的。比方说"上帝能不能制造一块自己都搬不起的石头"？"能"与"不能"，都不自洽。

如果用事实说话——既然"你无所不知"，对于"罪恶"为什么视而不见？既然你无所不能，"正义"为什么不能伸张？

毕竟，上帝的"全知全能"是人类给出的定义。那么在人类目前的认知以外，差不多"两眼一抹黑"的前提下，又如何给出"你无所不知"的定论？瞧！这又是"悖论"。

看来，唯有将"真知"作为"信仰"，或许才顺理成章。"我们"的"再见"也便因此有了灵魂赋予的期待——或寄望于科学的桥梁；或成全于死后的天堂。

由此想到诗人的一句名言，"我们都出生在阴沟里，但仍有人仰望星空"——

这是否可作为"真知"即"信仰"旁见侧出的佐证呢？

那就是"仁者见仁智者见智"了。

翻译散论

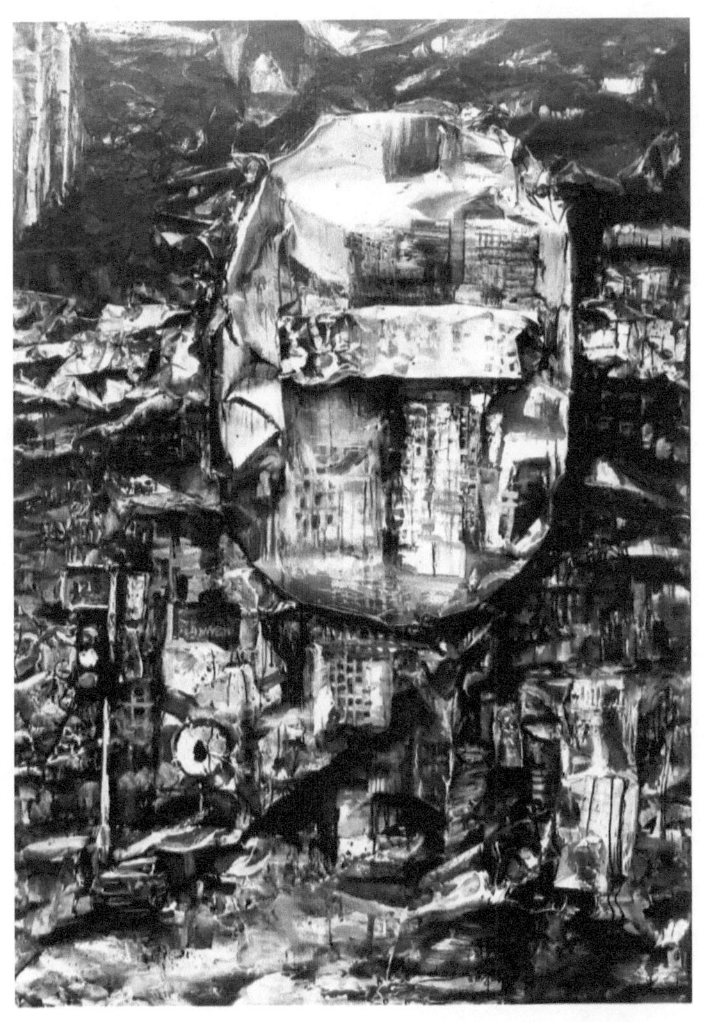

刘传宝（青岛），几何物语，金属版综合手段，126X182CM. 2013

浅谈翻译中的文化差异和相互影响

丁举华（青岛）

你们知道唐诗宋词中的诗人们谁在美国最受推崇吗？不是李白，也不是杜甫。而是一个生卒年不详、籍贯不详、甚至连大名都不知的诗僧寒山！

从二十世纪五十年代起，寒山诗从日本远涉重洋传入美国，美国"垮掉的一代"（The Beat Generation）将寒山奉为偶像，其诗一时之间风靡美欧。在那里，他赢得了比李白、杜甫还要高的声誉。到了20世纪60年代，在美国的嬉皮士运动中，他又被封为祖师爷。

美国现有三种寒山诗译本，其中诗人加里·斯奈德（Gary Snyder，1930— ）发表在《常青藤》杂志上的寒山译诗，为24首。也正因为加里·斯奈德对寒山的崇拜并受寒山诗风的影响，也成就了他和阿伦·金斯伯格（Allen Ginsberg，1926年6月3日—1997年4月5日）受邀 1984 访华。寒山在美国嬉皮士运动中被奉为祖师爷，中国的垃圾诗派和下半身写作又奉美国"垮掉的一代"代表诗人阿伦·金斯伯格为精神领袖。其实作为《嚎叫》的译者，我本人，包括奉金斯伯格为精神领袖的诗人们，能记住的他的诗句，无外乎就是第一句："我看见我们这一代精英被疯狂摧残，忍饥挨饿歇斯底里赤裸着全身/黎明时分互相拉扯着走过黑人街寻找一次刺激的注射。"

1958 年，"垮掉的一代"另一领军人物杰克·凯鲁亚克（Jack Kerouac，1922—1969）出版了长篇小说《达摩流浪者》（The Dharm Bums），其扉页上赫然题有"献给寒山子"的字样。小说描写杰菲·瑞德（其原型就是斯奈德）与凯鲁亚克的友谊，叙说杰菲·瑞德在加州伯克利大学翻译寒山诗而渐入禅境，与寒山融为一体的故事。

1997 年，美国作家查尔斯·弗雷泽出版了他的第一部、也是迄今为止他惟一的一部长篇小说《Cold Mountain》。后来这篇小说还被拍成同名电影，并在中国放映。

这里再多说几句，往前推，二十世纪初，以埃兹拉·庞德（Ezra Pound，1885 年 10 月 30 日—1972 年 11 月 1 日）为首的美国诗人在翻译中国唐诗宋词过程中，形成了一个新的文学流派——"意象派"，也产生了庞德写的《地铁》和威廉·卡洛斯·威廉斯（William Carlos Williams1883—1963）写的《手推车》诗歌名篇，这也是"东学西渐"的结果。

In a Station of the Metro

Ezra Pound
The apparition of these faces in the crowd;
Petals on a wet, black bough.

《地铁》
人群中这些面孔幽灵般显现；
湿漉漉的黑枝条上朵朵花瓣。
（杜运燮译本）

The Red Wheelbarrow
William Carlos Williams
so much depends
upon
a red wheel
barrow
glazed with rain

water
beside the white
chickens

《红色手推车》
那么多东西
依靠

一辆红色
手推车

雨水淋得它
晶亮

旁边是一群
白鸡
（袁可嘉译本）

　　但用英文写意象诗作，再怎么写也与汉语有差距，或英文选题用词有问题，缺乏诗意。我曾多次著文质疑庞德的《地铁》和威廉斯的《便条》，今天我自己终于找到了答案。你们看我们的汉语写作，唐诗宋词就不用说了，我们来看元·马致远写的《天净沙·秋思》："枯藤老树昏鸦，小桥流水人家，古道西风瘦马。夕阳西下，断肠人在天涯。"再看徐悲鸿写的："白马秋风塞上，杏花烟雨江南。"甚至于周总理写的："樱花红陌上，杨柳绿池边。"

　　地铁、超市和冰箱怎么会有诗意呢，我要是庞德或威廉斯，会用英文写这么一首诗：

Happy Life
Wine, coffee, by the fireplace.
Lawn, swing, in the garden.
Birds are low flying.

这首诗再翻译成中文，就成了：

幸福生活
红酒咖啡壁炉旁，
草坪秋千花园里，
蓝天白云鸟低飞。

如此这般是不是就更接近于中国的意象古诗了呢。

意象派在美国方兴未艾时，胡适和闻一多正好前后在美国留学。美国的意象派转而又影响了中国白话诗写作。吴宓在《论新文化运动》一文中，首次运用"比较文学"的知识指出："中国之新体白话诗，实暗效美国之 Free Verse。"

莫言获诺奖，我曾应邀去青岛 17 中讲所谓翻译的技巧，其中还重点谈了葛浩文（Howard Goldblatt 1939— ）"用中文读，用英文写"的翻译，他不是逐字逐句翻译，甚至不是逐段翻译。德国汉学家沃尔夫冈·顾彬（Wolfgang Kubin 1945— ）先生说其是整体的编译，甚至是"连译带改"，但这种方式下的译文使西方读者更易接受。

接下来我再讲一个经典的例子，话说有一位外国友人酷爱中国诗歌，尤其崇拜与孔子是老乡的一位中国近代诗人"庄重禅"。他的中国朋友表示没听说过这个人，于是他当场朗诵了一首这位诗人的代表作，是他自己从英文版再译成中文的：

英文版

Seen from afar,
the gloomy Mount Tai is narrow on the top
and wider on the bottom.
If we turn the Mount Tai upside down,
the top will become wider and the bottom narrower.

译文

> 遥远的泰山，
> 展现出阴暗的身影；
> 厚重的基础，
> 支撑起浅薄的高层；
> 假如某一天，有人将那乾坤颠倒；
> 陈旧的传统，必将遭逢地裂山崩。

"好诗！好诗！"外国友人表示，这首诗表达了诗人想要推翻旧制度、建设新世界的爱国主义情怀。于是，中国朋友再次感到自己的无知，这首代表作也没听过啊。

深感知音难遇的外国友人索性又讲起了这位诗人的生平趣事：比如，他妻妾成群却很尊重女人，当他发现自己的小妾和下属有染，不仅没有惩罚他们，还给了路费放他们走人（这胸怀比曹操还伟大，曹操也不过是喜欢替人养儿子罢了）；再比如，他很有孝心，小时候母亲弃他另嫁，诗人功成名就后没有记恨，还特别派人找到母亲——下面是重点——和继父，把夫妻俩一起接到身边赡养（这胸怀秦始皇都做不到）。可惜乱世之中，诗人没能善终，在内战中战败，遭人暗杀。

听完这位爱国主义诗人跌宕起伏一生的故事，中国朋友绝望了："都说那么清楚了，我们怎么还是不知道是谁！"

据说，很久以后，在一间堆满了诗集的逼仄屋子里，这位中国朋友大笑三声，手里捏着一页书，书上写着一首诗：

> 远看泰山黑乎乎，
> 上头细来下头粗。
> 如把泰山倒过来，
> 下头细来上头粗。

署名作者是：张宗昌。

　　哈哈，这是翻译的不同文化和相互影响的趣闻。杨绛先生说译者是作者和读者的"仆人"。在翻译和回译中，枯燥中有趣味。

　　注：本文部分内容参照了斌斌姑娘写的《古诗译成英文再译回中文，作者都不认识了》。

错译的尴尬

丁举华（青岛）

"啤酒里的青岛文化群"是个大群，里面有 495 个人，版主是王音。这个群各色人等都有，有批判派也有歌德派，各抒各情，各说各话，相安无事，群的特点是"包容"，有容乃大。

有一天我看到一个叫李念奴的先生转发了一个诗人电影艾伦·金斯堡的微信，我就收藏了。周末我才有时间看过，历时大约一个半小时。看完之后，我发现坏了，有一个地方我可能翻译错了。

1984 年，美国"垮掉的一代"代表诗人阿伦·金斯伯格（Allen Ginsberg 1926—1997）应邀来华，在河北大学期间是我给他做的翻译，在翻译他的代表作《嚎叫》时，还得到过他本人亲自指导，所以长期以来我一直自信满满，觉得自己的版本是最好的。

现在问题来了，文中有一行是：who blew and were blown…，什么意思呢？我翻译成了"他们互相吹捧……"笑话了！

我查了英语俚语词典，blow 的意思是这样的：

blow …. (to perform an act of oral sex on someone, esp. males)

blow job …. (an act of oral sex performed on the penis)

那就是"口交"或者说"口活儿"的意思，说得再含蓄一点叫"吹箫"，但吹箫是女的给男的做口活儿，考虑到金斯伯格是同性恋患者，还是翻译成"口交"更贴切，那就是"他们互相口交……"

　　1990 年我第一次出国，去的是西德，当时的西德黄色书刊在报亭、书店随便卖，只是包了一个透明的塑封。我当时二十多岁，很是好奇，就悄悄买了一两本带回了国内，从中我知道了 fuck 和 suck 这两个词，现在我又知道了 blow，看来我是真的 out 了。

　　在这里，我要感谢李念奴先生，他转发的微信使我认识到了一个错误，自己还来得及纠正而不至于事后贻笑大方。

　　我虽然最早接触了"垮掉的一代"，并翻译了《嚎叫》，但我不赞成把性器官的语言用到诗歌的创作里，脏话我们私下都会说，但文学创作还是语言美为上。

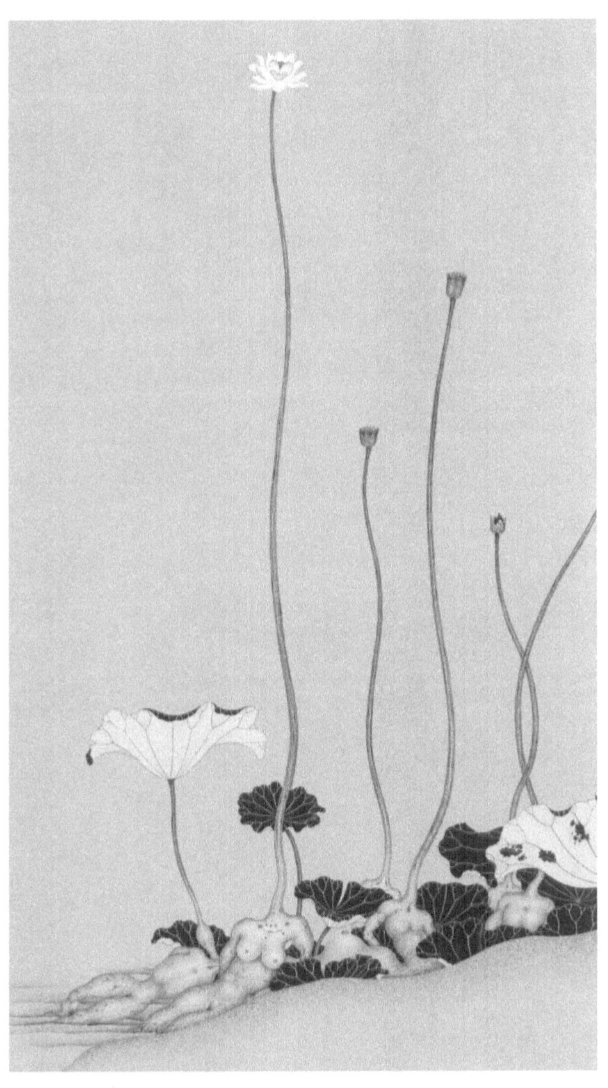

李云枫（北京），荷，纸本设色。2024

林肯中心交响乐节

(Festival Orchestraof Lincoln Center)

庭柯（纽约）

（一）

《林肯中心交响音乐节》昨晚拉开了第一套节目序幕。"交响音乐节"自去年接棒《Mostly Mozart》成为了纽约整个城市之夏（Summer for the City）的交响乐组成部分。Johnathan Hayward 不仅是指挥还是音乐总监之一。我们一票朋友挺喜欢这位有活力又中规中矩的年轻指挥。

第一套节目《民俗风情与传奇故事》（Folklore and Legends），包括了浮士德序曲，大草原和勃拉姆斯第一交响曲。整套交响乐不仅呈现了欧洲匈牙利，维也纳，德国等民间风情还有浮士德这个传奇人物和勃拉姆斯对贝多芬风格的传承。

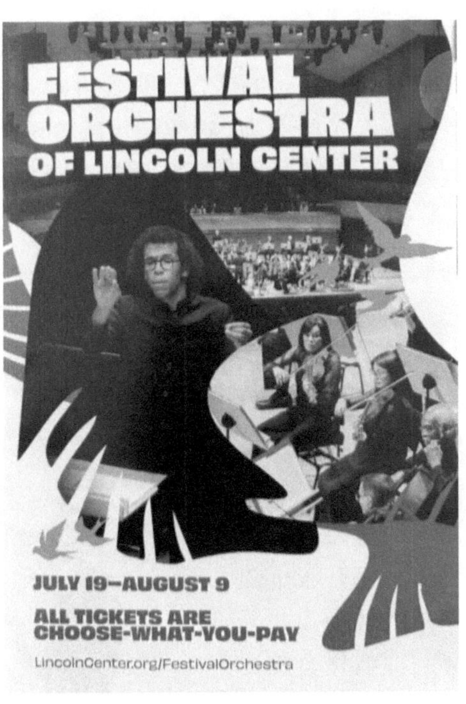

林肯中心交响音乐节

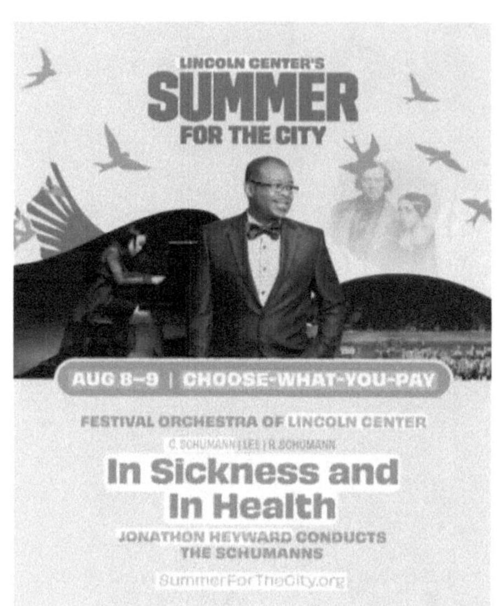

城市之夏（Summer for the City）

第二个曲目大草原（Grasslands），是高音萨克斯风（Soprano Saxophone）与乐队合作，有三个乐章。这个曲目是纽约首演。本人喜欢第三乐章，不仅听到萨克斯风的独奏声部而且整个篇章萨克斯风和乐队的对话，非常活波。好友形容听之联想到瓦格纳的"诸神的黄昏"。

下半场是勃拉姆斯花费了21 年创作出来的第一交响曲。有乐评解读该交响乐可誉为贝多芬第十。我们在第三乐章听到了贝九欢乐颂的乐句，非常明显清晰但是最后走向不同。主题反复呈现令人印象深刻。指挥稳步领着乐队演奏出不同情感宣泄的过程达到回旋的高潮，完成勃拉姆斯的最后一个休止符号！全场掌声雷动。

纽约夏日夜晚，走出林肯中心，凉风习习很舒服。突然想起从这周起纽约开启了纽约餐馆周，有几百家餐馆参加这个活动；纽约林肯中心今夏有上百场的音乐，舞蹈，爵士乐表演。纽约的夏日正张开着双臂欢迎各路英雄好汉和纽约客们，我们进入它热烈的拥抱，将观赏全部的交响乐套餐。唯一要准备就是一付好胃口，一段好兴致，一点好心情！

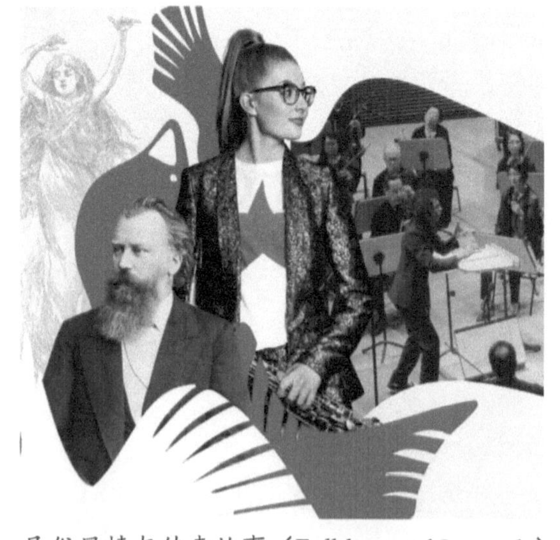

民俗风情与传奇故事（Folklore and Legends）

（二）

第二套节目题目为《Timeless Transformations》本人初初认为是推陈出新的意思，后来明白从这'陈'转换到'新'，'新'中有"陈"，有过渡有发展，包含着作曲家各种想法与尝试。譬如大家都熟悉的维尔瓦第的《四季》，今晚一位现代作曲家从《四季》得灵感创作出《More Seasons》（更多季节）呈现给大家。

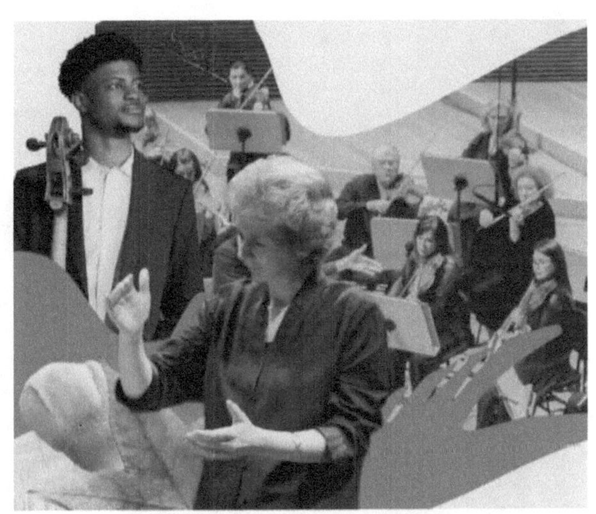

Timeless Transformations

第二个节目：柴可夫斯基的大提琴与乐队《洛可可主题变奏曲》（Variations on a Rococo Theme, Op. 33）。这是首颇受大众喜爱的乐曲。老柴用不同音乐形式表达主题，据说整个曲子至少有七次变奏。听众欣赏主题乐句来回的出现：或低声细语，或高亢激愤；或与乐队对话，或和颜愉色，非常好听，轻松。

下半场是莫扎特一部没有完成的德语歌剧《Zaide》。此剧虽没有完成，但莫扎特经过此创作变得成熟了，为日后写歌剧奠定了基础。莫扎特音乐依然明亮欢快，剧情是老套爱情故事，角色们都坠入爱海，爱得不行。

编排曲目的人相当有经验。用一位解说员来叙述故事，男，女高音和男中音演唱咏叹调，对唱和三重唱。加上台上荧屏放英语歌词，这么一来，对于一无了解剧情的观众也能看懂七七八八的了。好友说平日歌剧院不会上演没完成的作品。确实我们不仅欣赏了交响乐还享受了出色的歌剧片段。

今晚可谓饱餐了一桌丰富的音乐大餐。

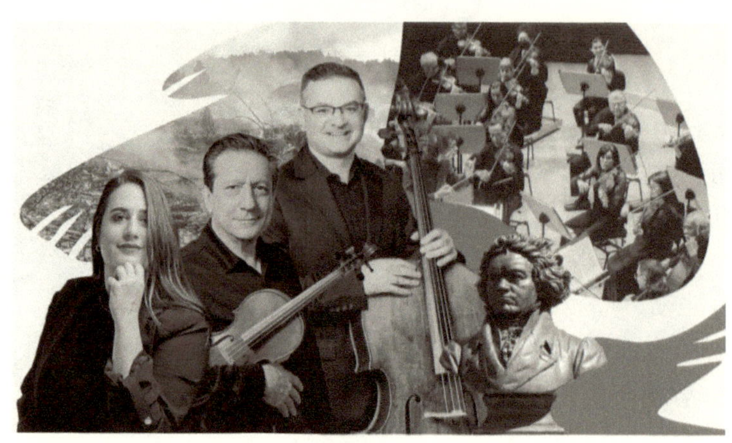

贝多芬效应（Beethoven effect）

《贝多芬效应》是夏季音乐节的第三套节目，也是大家满心期待的心仪作品。贝多芬的音乐还没有开场就产生了效应，票子不仅很难买到，连上午排练也坐得挺满。美上加美的要点，节目单上有贝多芬C大调三重奏和贝七，这简直是在点菜啊！

7/29纽约高温，傍晚观众还是从四面八方把个音乐厅坐得满滕滕的。节目上下半场各有一段小节目。有作曲家灵感来自贝多芬的素描本，描写神圣与自然的关系。有曲目展现维也纳古典传统同时融入浪漫主义情感张力。可见贝多芬对后期音乐家的创作灵感的启发与影响，贝多芬效应！

贝多芬的C大调三重奏（钢琴，大提琴和小提琴）不仅是演奏会的保留剧目而且深受广大听众喜爱。其中大提琴担任了重要的份量。据说当年贝多芬为其学生写了此曲，又担心学生弹不下来钢琴部分，于是把难度和份量加在大提琴部分，结果成就这部好听的作品。昨晚大提琴音色好听，尤其三种乐器的对话，不同器乐的音色乐句令人遐想神往享受。

演奏继续，最后一个曲目贝多芬第七，这是我最爱之一。指挥磨拳擦掌已在白天练了一遍，观众准备着洗耳恭听。果然到了第二乐章熟悉的主题乐句出现了，由远而近，由轻而响，向你走来…这个音乐进程（Motiv）会在你心中形成一种同行的步伐，同样的方向与期待。不少电影采用这段音乐，或许更有视觉效果，也可能也狭隘你本身思绪的翱翔。

贝多芬的第七交响曲是老贝最富有动感和节奏感的作品，充满了生命力和爆发感，被瓦格纳称之为"舞蹈的化身"。尤其到了第四乐章犹如酒神驾着马车在驰骋，递进的节奏和回旋的主题，似乎让你也上了车一同奔向前方。记得多年前的一个寒冬与好友在卡内基音乐厅排队等退票的情形。那时是萨门·莱托（Sir Samon Rattle）率柏林爱乐乐团来纽约演整套贝多芬交响曲。我们好不容易高价买到了这场贝七，现在想来还是值得。指挥犹如统帅，率领着乐队以不顾一切，恣意向前，似乎酒神的醉意和率性尽在音乐中。但 Samon 没有松开缰绳，乐队尽情但没有跑离掌控，所有的渐轻渐响（Crescendo），你能分得出层次，疯狂中的爽，猛进中的序，痛快淋漓。不知是偏爱的缘故，那场音乐会永远忘不了，昨晚再现的贝七依然让我们感受到贝多芬的效应。老贝啊老贝，太喜欢你的作品了！

音乐会圆满结束，心满意足回家。

（四）

《从巴黎到巴塔哥尼亚》（From Paris to Patagonia）

巴塔哥尼亚是南美洲最南端的广袤无际荒野，在阿根廷境内涵盖智利南部地区。

8/1 晚的音乐会题目挺有意思《从巴黎到巴塔哥尼亚》，先从法国作曲家的作品开始，一组相对现代的作品。接着是英国作曲家布

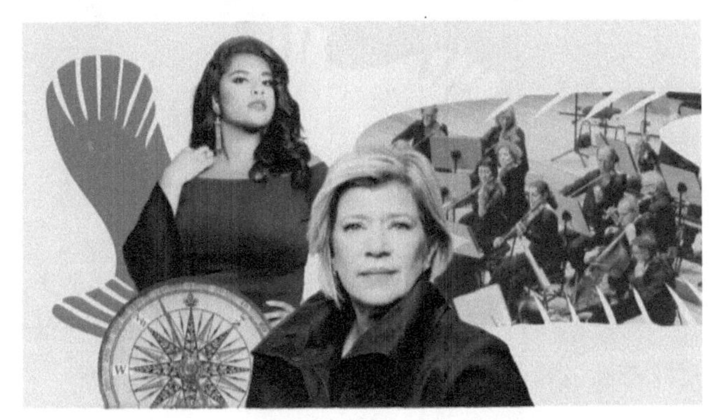

从巴黎到巴塔哥尼亚 From Paris to Patagonia

里顿为法国诗人阿蒂尔·兰波的《灵光集》谱曲由女高音来表演。

下半场阿根廷作曲家《为女高音和乐队的三首歌》。最后压台的又回到法国巴黎的作曲家乔治比才第一交响曲。（George Bizet）听去整场音乐会好像有蛮长的路。

Karen Kamensek 担纲这次音乐指挥，这位女指挥干练，目前活跃在各大交响乐团和歌剧院。音乐会请出了女高音 Gabriella Reyes 演唱了两位作曲家的独唱部分。这位女高音人高马大，中气十足，收放自如。音色漂亮。有评论形容她"光芒四射"，不愧登台大都会歌剧院和其他歌剧院的女高音。

印象深刻的是阿根廷作曲家创作的《女高音与乐队的三首歌》。三首歌里内容很多，但第一小提琴伴着女高音时而对话时而凄凉独奏，表现尽了巴塔哥尼亚的原野中的孤寂。

我认为许多听众今晚为了比才的《第一交响曲》而来。比才著名的歌剧《卡门》可以说歌剧中最受欢迎的。音乐，咏叹调，情节…都是一流的。第一交响曲是比才在 17 岁时交的回家作业。这么流畅和明快，天妒英才啊！比才 36 岁就过世了，为世人留下了不朽的《卡门》《采珠人》和《第一》。

虽说《第一交响曲》早于《卡门》，由于熟悉《卡门》，我在聆听交响曲时有意无意在扑捉会出现在《卡门》的中蛛丝马迹，似乎在寻找音符和乐句中的 DNA。《第一》中的第二乐章相当优美，悠扬单簧管的出现想到了卡门中的《哈巴涅拉》。尽管题材不同，呈现也不同，但是比才音乐清晰流畅，节奏律动，以及舞蹈元素（第三和第四乐章）是他的风格。压台节目绝对让全场满意。

（五）

流放与追忆的音乐（Music of Exile & Remembrance）

听听这场音乐会的题目觉得会有悲愤和阴郁的情绪，以及回忆和向往心绪。看看节目单上的作曲家，其中两位著名作曲家来自前苏联肖斯塔科维奇和普罗科菲耶夫（Shostakovich, Prokofiev）。

众所周知肖斯塔科维奇曾生活在苏共的极具压力和恐惧之中，游走在奔溃的边缘。他时刻准备着被捕，紧张到每晚睡在门口，以防秘密警察来

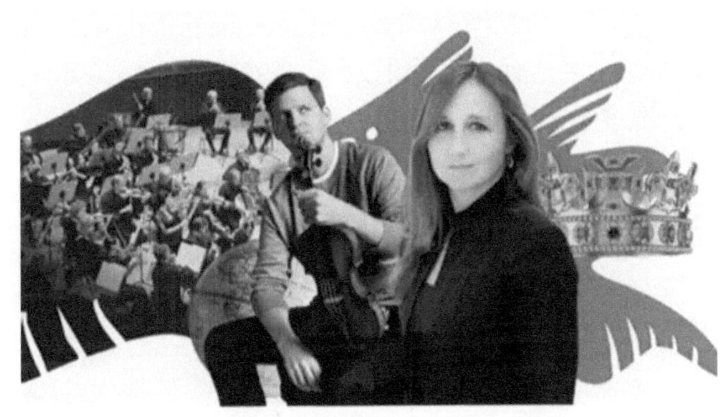

流放与追忆的音乐（Music of Exile & Remembrance）

抓捕他时会惊吵到家人。这种情形只有生活过专政制度下的人才会身同感受的。然而他是位伟大的音乐家，我们熟悉的第五交响曲的圆舞曲就是他的作品，不知其名一定会听过此曲。还有一首我们同代人都熟悉或者还会哼上几句的是他的《列宁格勒交响曲》中几句乐段，我们在电影中就称它为《鬼子进庄了》，不是很熟悉吗？。哪种悄悄前进式的乐句几分恐怖几分压迫感。这个模式昨晚在他的《室内交响曲》第二乐章中呈现出来，大提琴的拨弦至弦乐齐奏的舞蹈旋律，木管切入传递到一片放怀抒情的境地。这是一首相当好听的曲目，后来查了一下原来肖斯塔科维奇于 1949 年就完成了该曲子，但一直没有得到首演直至斯大林 1953 年去世后九个月才得到公演。其可悲的原因可想而知，但埋在作曲家心底的渴望与灵感随着独裁者的离去得到解放与世人共享。

另一位前苏联作曲家普罗科菲耶夫虽然没有生活在斯大林的强权下，却自我流亡二十多年，后来才回到家乡。他最出名为普及交响乐的作品《彼得与狼》，指挥通常向小朋友介绍各种乐曲还模仿各类动物的声音和形态，特别记得长笛吹出夜莺鸟鸣。昨晚表演的 G 小调小提琴协奏曲 No.2。同样，小提琴与乐队的对话，逐步发展，转调，变化…有段很特别：大提琴齐奏，用一个和弦的分解反复伴奏小提琴的独奏。小提琴在最后乐章尽情炫技，完美收官。观众们很不满足，用掌声引来更为炫技而炫技的安可。

音乐会中还有一位颇受欢迎的法国作曲家拉威尔。他的一首短小

曲目是大家较熟悉的《Pavanepour une infante defunte》，不知怎么的，以前没有注意到里面有几段明亮的敲打乐滑音非常好听，法式的装饰？现场的效果。

第一位现代美国作曲家的作品采用了多重音响元素，新颖但不容易记住。

音乐会曲目没有想象中的悲壮与痛苦。林肯中心交响乐节的选曲还是给大众夏日浪漫感受。

（六）

健康与患病（in Sickness and in Health）

这是交响音乐节最后一套节目，题目为《健康与患病》，主要演奏舒曼夫妇的节目。罗伯特·舒曼和克拉拉·舒曼是一对古典音乐浪

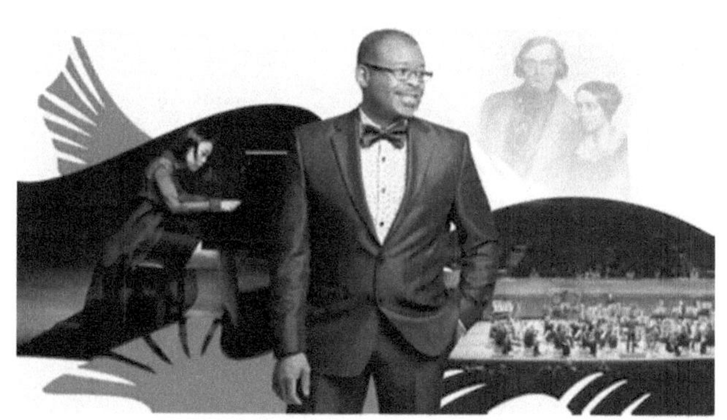

健康与患病（in Sickness and in Health）

漫时期著名作曲家夫妇。这对乐坛夫妻生养了 8 个孩子，共同度过音乐创作相互欣赏的健康岁月，后来又一起面对舒曼患病时光（丈夫后因精神病恶化过世）。今晚指挥不忘提到这对恩爱夫妇所创造的辉煌作品以及所经历过的艰难。

今晚两首舒曼的作品有点特别。舒曼的《序曲，诙谐曲和终曲》（Overture，scherzo & Finale）其实是首交响曲，不知何故舒曼把第二乐章慢板给删了，而且还自己命名这个曲名。

音乐会还演奏了舒曼的第四交响曲。这首交响曲有四个乐章，但是演奏时要求一气呵成，乐章间不停顿。有评论说第一首曲子不是舒曼最成熟的交响作品；但这第四交响曲却是最富戏剧性和结构创新的

一部交响作品，是舒曼的经典作品。

记得好友说过：去音乐厅听音乐有现场感！确实第四交响曲洋溢着澎湃的激情；辐射着无限的浪漫；小高潮一个接一个。你期待着音乐快到了顶峰，乐句却峰回路转进入另一段变奏或主题，层层叠叠，反反复复。看着指挥台上全神贯注，指点乐器；台下观众满身感受到精彩纷呈的乐句在音乐厅里奔放流动！丰满又完整的作品令人享受不已。

舒曼为世人留下无数不朽作品，钢琴套曲《童年情景》中的梦幻曲似乎是钢琴家们都想演奏的曲子。果然今晚韩裔女钢琴家就弹奏了《梦幻曲》作为安可。

其实舒曼的妻子克拉拉一点不逊色于丈夫。用现代的话来讲，她是乐坛一姐。克拉拉 9 岁登台钢琴表演，11 岁开始写曲，13 岁作协奏曲……妥妥的是位天才儿童。她是舒曼音乐创作的缪斯，可惜她 36 岁守寡，独自护养孩子。自后她成为巡演的钢琴独奏家（图三），同时还是位作曲家和音乐教育家。

克拉拉的作品有段时间被人遗忘，但最近十几年开始受到关注，研究，渐渐成为音乐会演奏剧目。指挥提到今晚演奏的《Konzertsatz in F minor for Piano and Orchestra》（F 小调钢琴单乐章协奏曲）是纽约首演。克拉拉不愧为是个钢琴家，写下协奏曲中的钢琴部分真漂亮。如同阳光下湖面上斑斓闪烁的涟漪，一圈接一圈；又好似月光下安静的河上划过绸缎般的水纹，一起又一起……。钢琴与管乐在相互呼应，我最喜欢的是钢琴的亮丽与定音鼓的低沉。非常好听！

交响音乐节结束了。数数今夏听了六场音乐会，各有特色，大饱耳福。指挥提醒到首场由勃拉姆斯第一交响曲开场，收官曲目是舒曼的第四交响曲。勃拉姆斯是舒曼一家的挚友，后来又成为克拉拉的精神支柱和音乐知音。这是古典音乐家史的一段佳话。想来音乐节的艺术总监有深意为之吧。

2025.7-8

番茄志

沈新德（纽约）

（一）

对于一个刚入行的种菜新手，番茄大概是最容易种的蔬果了。所以在新开的菜园中，我种了近十种不同种类的番茄，一个月下来，倒也有了成果，早饭后，泡一杯茶，坐在庭院里，凉风习习，鸟鸣啾啾，喝一口茶，丢一粒聖女果在嘴里，自谓是羲皇上人。看看这一树树红红绿绿黄黄白白的果子，便有了写写番茄的心思，遂成番茄五篇。番茄之美，古人大概是要作赋了，惜我无此才思和文藻。不过，古人作不了这个赋，因为番茄也就这几百年的历史。

「番」代表它來自「南美安地斯山」，它在大航海時代是「紅番」印地安人的食物，那些冒險家們陸續將它引進歐洲，之後再由西班牙人、葡萄牙人、荷蘭人等分別將它們帶到亞洲。1622 年，荷蘭人已經將番茄引進。但番茄初渡重洋時，曾披着毒物的恶名。欧人见它红艳照眼，疑是妖果，更因其叶似剧毒的颠茄，二百年间无人敢食。园圃中只作异域奇观赏玩，孩童经过亦要绕道而行。直至十八世纪某日，法兰西一位画师忽发奇想——披上最体面的礼服，将番茄切片撒糖，庄严吞咽，旋即躺卧床上静待死神。烛影摇红中，但觉酸甜满口，腹中暖意融融，竟是一夜酣眠到天明。自此番茄方褪了妖名，堂皇登了餐桌。

这红果子的情史倒比人风流。英伦有公爵见它剖作心形鲜润欲滴，便盛在银盘献给心上人，唤作"爱之苹果"。意大利人更妙，将番茄熬煮三日三夜，熬成稠稠红酱，竟称有壮阳奇效。那浓浆在陶锅里咕嘟冒泡时，怕也想不到日后会成为千万盘意大利面的魂魄。

　　番茄传入亚州也有一番际遇。17 世纪传入菲律宾，后传到其他亚洲国家。中国栽培的番茄从欧洲或东南亚传入。清代汪灏在《广群芳谱》的果谱附录中有"番柿"："一名六月柿，茎似蒿。高四五尺，叶似艾，花似榴，一枝结五实或三四实。……草本也，来自西番，故名"。渡海至台湾又是一段故事。。荷人帆影里捎来的野番茄，小而圆，红如珊瑚珠，本在荒径自生自灭。日人复携黑柿番茄登岛，北地人嫌其青涩气，直呼"臭柿仔"；南国人却爱极，蘸着姜泥糖膏大嚼，唤作亲昵的"柑仔蜜"。尤其台南巷陌间，妇人将半红半青的番茄斩块，往姜糖酱汁里一滚，酸甜咸辣在舌尖炸开，竟吃出四味人生。

　　番茄的劫数在美洲故土更离奇。阿兹特克人原唤它"肥胖的水"，奉为神赐佳果。西班牙铁骑踏破神殿时，见祭司以番茄献祭，血汁横流如人牲，吓得魂飞魄散。传教士遂在经文旁批注："此乃地狱之果"，险些断了它的生路。谁料三百年后，番茄酱竟成了美利坚汉堡包里的国民血脉。这是否与美利坚之"番茄是蔬菜还是水果之争"有关，19 世纪，美國國會庸人自擾立法通過「它是蔬菜」！那些國會議員一定沒想過，現在全世界超過兩萬種番茄，形狀、顏色、口味已經超出我們認知。「布拉德葡萄番茄」（Brad's Atomic Grape）顏色豔麗，果皮硬，抗裂；「聖馬爾扎諾番茄」（San Marzano），起源於義大利那不勒斯附近，皮薄，果實尖，果肉厚，種子少，味道更濃，更甜，酸度更低；「白番茄」（Great White），果實的味道非常獨特，類似於甜瓜、石榴的混合氣味；最黑的番茄「黑美人」（Black Beauty），果皮較堅硬，富含花青素，果肉細膩，果香濃郁。族繁不及備載。

　　今人育番茄，已近点石成金之术。布拉德葡萄番茄紫纹斑斓似星河，圣马尔扎诺番茄尖长如美人指，黑美人番茄紫到发亮，剖开却是红玛瑙瓤子。最奇是白番茄，味如甜瓜混了石榴香，恍若月宫落下的玉果。我现在园中种了柠檬番茄，大如婴拳，熟透时色如柠檬金黄，咬下去竟真有柠檬清清，汁水顺着腕子流到手肘，招来蜂蝶绕臂飞舞。

　　番茄架下常想：此物身世浮沉，何其像人。蒙过不白之冤，当过定情信物，做过救命粮草，亦曾登仙入幻。酸甜往事，山野逍遥，都沉淀成一园的星辰。

（二）

以前种番茄，随便买了番茄苗来种，也不去探究种了什么。今年种了近十种番茄，把番茄的名字一一记下来，便无意中闯入了一个番茄的世界，如同爱丽丝漫游奇境记一般，一个想象的世界，一个色香味俱全的旅行，在一小片园子中展开，在耕读中展开。

首先展开的是番茄的品种，浩如煙海的品种，在植物中当属首位。目前全球已知的番茄品种超过 10,000 种，甚至有专家估计多达 35,000 种。有人说，世界上大约有二万个番茄品种，如果每年种 10 个品种，你需要活 2000 岁才能把所有品种的番茄都种一遍，这大概都要成仙了。这真是一种有趣的说法，如果我能每年种 10 种番茄，余生能尝试近百种番茄，余愿足矣。

尽管我刚开始认真地种番茄，并且种得也不好，但毕竟翻开了番茄的族谱，这真是一本翻不完的厚账啊。番茄族谱浩如烟海，二万名号各藏玄机。其名或状其形色，或溯其血脉，或记人事因缘，俨然一部草木版《百家姓》。有以形色为号者，最黑美人通体紫檀，剖开方见玛瑙红心；靛蓝玫瑰果皮覆霜蓝，恍若月下墨菊；白兰地酒番茄橙黄带焦纹，酷似陈年酒囊。有以血缘定名者暗藏密码，祖传种多冠发现者姓氏，如布兰迪先生 1870 年育成的"布兰迪酒红"，帕克斯老圃 1930 年手留的"帕克斯黄梨"。有以地望为名者自带山河，圣马扎诺番茄必产维苏威火山南坡，黄河蜜枣番茄汲尽黄土高原日光，台农七十一号凝着亚热带季风露华。命名之道，东西各异。东土好雅称，樱桃番茄入台岛，初名"圣女果"，后衍"玉女""秀女""蜜女"诸姝；西国重奇观，黑番茄敢称"午夜惊雷"，紫番茄自号"龙之吐息"。

这只是名号，颜色和大小却是最直观的。那玲珑的樱桃番茄，就分作红、黄、黑、绿数色。红玉般的圆润，金珠似的明灿，墨玉样的沉郁，翡翠般的清透。摘一粒丢进嘴里，皮薄爆汁，酸甜的小炸弹在舌尖炸开，是夏日的精魂。至于牛排番茄，硕大如拳，肉厚如枕，横切开可见满腹沙瓤，最宜夹进面包，或是切片油煎，热腾腾地覆在面上，连汤带水都染得金红。

　　另有些异色奇种。紫番茄裹着天鹅绒袍子，乃是花青素凝成的铠甲；橙番茄通体明霞，藏着满腹的胡萝卜素。更奇是黑番茄，皮色如墨，剖开却见深红玛瑙般的瓤肉，甜味里竟带些烟熏气。相传此物本是南美山野的精灵，百年前被修士偷裹在袍襟里，才远渡重洋扎根欧陆。最奇的是集五彩于一身的"老德国人"，居然有一点点水蜜桃和荔枝的味道。

　　若论渊源，番茄家族又分作两类：祖传种与杂交种。祖传番茄多是代代手留的种子，相貌粗朴而滋味深长，如老农布满沟壑的脸，每条皱纹里都蓄着风雨。杂交种则如精心妆扮的新妇，丰产耐病，皮光肉滑，只是那滋味，总欠些土地的本真。我曾种过一种唤作"黑克里米亚"的祖传种，熟透后果肩泛青，果腹却如泼了葡萄酒般紫红，酸甜里竟透出橄榄似的回甘。

　　开春之時，番茄入园，如邀朋友入茶席，草木如故友——三五知己足慰平生，旧雨新知皆是造化。每年的一次茶席，园中永驻的几位老友当须入座，青医生终年青衫磊落，菠萝番茄笑纹纵横，甜里总带三分野气；伊斯特琳娜最是热肠，金铃成串压弯竹架，甜得毫无保留。但开春之時，必觅新侣入座，或托远航友人捎来黑海畔的"敖德萨晚霞"，或邮购日本"珍珠泪"种子。当然，这是后话，但现在想一想，心已神往矣。

　　番茄的种子曾随西班牙人的帆影周游列国，在意大利化身为红酱里的艳阳，在法兰西变作普罗旺斯炖菜中的胭脂。品种愈繁，本味愈珍。下次见着模样古怪的番茄，莫要嫌弃——它许是某片水土养出的独苗，蕴着异乡的风雨、农人的掌温，还有大地未被驯服的野性。超市里的番茄是如此地整齐划一，红得均均匀匀，圆得规规矩矩，像是从一个模子里磕出来的，如此的呆板无趣，如今翻开了番茄的族谱，邀其中的性情中者凡十，在园中落户安家，是一件十分可行而有趣的事情，一粒游歷世界的番茄，也算是"此心安处是吾鄉"，一粒甜甜酸酸的番茄，也印证了生活的甜甜酸酸，一粒五彩多姿的番茄，也映射了生活的丰富多彩。

（三）

　　现有蔬果美学一说，窃以为番茄是蔬果美学中一个极好的素材，首先是番茄的颜色之美，非止红黄，细究其谱，竟如天孙裁云霓，地母泼染缸，七分造化三分人意，铺展成大地上的活色生香。首以红色为宗，樱桃小番茄透亮如鸽血石，日光里能照见金丝脉；黄橙一脉，最得日精月华，金太阳樱桃番茄似蜜蜡雕成，菠萝番茄熟时金纹盘绕，活脱脱是凤梨托生；青碧家族，颠覆熟红铁律，青医生终老不改翠衣，果肉沁着草木清气，翡翠明珠番茄青皮透玉光，冰镇后胜似青梅，绿斑马番茄碧底镶黄纹，切片如雨打蕉叶；而紫黑异色，暗藏大地玄机，靛蓝玫瑰番茄覆着天鹅绒霜蓝，午夜惊雷番茄紫到发黑，籽粒却嵌红珊瑚，龙之吐息茄皮墨色，汁液竟如红宝石浓浆，黑樱桃番茄浑圆如乌檀珠，甜中带烟熏余韵；再说素白淡彩，恍若月魄冰魂，白美人通体雪色，月光下似玉雕灯笼，幽灵番茄青白如古瓷，温室里悬作冷月盏；更有迷彩奇种，疑是神工戏笔，彩虹狂欢节番茄紫纹缠金缕，切片现星云纹；银河泡泡番茄银斑洒靛点，观之如窥星海。如此色变，原是草木通灵。茄红素染赤霞，胡萝卜素泼金，花青素研紫墨，叶绿素守青魂。天地灵气集于一果，幻出万变色相。

　　其次是番茄的形状之美。樱桃番茄浑圆如露，晨光里颤巍巍欲坠，教人想起波斯细密画里缀满宝石的苏丹头巾；牛排番茄则似孩童信手抟泥，鼓胀处饱含汁水，棱角间暗藏风骨。最妙是李形番茄，尖梢微勾如雀喙，纵剖时两弯新月对衔，籽粒恰似银河星砂。而其大小参差，极尽天趣。鸡尾酒番茄小若珍珠，十二粒并置掌心，竟似捧了把熔金赤玉；菠萝番茄大如婴拳，青黄纹路盘绕似古地图。如将黑美人紫果与甜百万红珠同盛竹匾，大者如墨玉镇纸，小者似朱砂印泥，恍惚文房清供入了蔬圃。又排列之道暗合天机，樱桃番茄最解韵律：金太阳总成双结对，风过时碰额私语；黑樱桃偏作三颗连珠，夜露中叠成塔铃。牛排番茄却桀骜不驯，或孤悬枝头称王，或五枚聚生如佛手。

　　再者番茄生长之藤蔓走势更藏画意。祖传种枝干虬曲，果随龙脉起伏：青医生隐叶底如碧玺藏匣，白美人踞高枝若寒玉挂霜。杂交种则工整如棋局，甜百万果穗层叠似浮屠，每层九果，金铃摇响时竟有梵呗韵律。

所以，番茄之造园造景，有其得天独厚之功。昔年欧人悬其果于雕花铁栏，红玉垂金箔，竟成贵族庭园一景，由此可见，以番茄造景，也算是由来已久。而今人得其妙趣，造景更见机锋，试举例一二。

以悬垂法出之，最得天然韵致。择蔓生樱桃番茄数株，植于陶瓮高悬檐下。待果穗垂落，如朱帘掩映，风过时红珠轻摇，日影里似流苏荡漾。若以竹丝编月洞门，引藤蔓攀援，番茄成熟時，累累红果嵌在青黄叶隙，俨然一幅活《石榴婴戏图》。

以盆景之法出之，贵在删繁就简。取矮生樱桃圣女果（husky cherry tomato）幼苗，植于浅口陶盆。铁丝蟠扎枝干作虬曲状，疏叶存三五青果。配以皱瘦英石，竟有松柏古意。晨起喷露，观其果色由青转金，恍见光阴在方寸间流转。

以色阵排布出之，最是惊艳。紫茄配"黑美人"番茄，绛紫深红错落如古锦；"白美人"番茄间植银叶菊，皎月浮雪各显清辉。如以七色番茄作庭园彩虹架，靛蓝"靛蓝玫瑰"、橙黄"琥珀蜜"、赤红"朱砂点玉"，成阶渐次，夕照里竟幻作地上虹霓。

原来番茄入景，不在矫饰，贵在点醒草木本真。寻常蔬果稍加摆布，便成会呼吸的活卷轴——结果时是工笔重彩，落叶后成写意留白，生生不息处，自有无声大美流淌。所谓观赏之道，原不在金玉为盆，而在草木本心——只要结果时红得透亮，便是对天地最好的供奉。

（四）

五十多年前，在炎炎的夏日下午，在一个江南的小镇，阿姐会到小镇的街道上花几分钱买上一个大大的番茄，用井水泡着凉一下，然后切片放一小匙红糖，甜甜的，凉凉的，很是好吃。那凉沁沁的甜酸钻透童年记忆，竟在血脉里凿出一道暗河。

半个世纪后，也是一个炎炎的下午，在康州的一个小镇，我摘下一颗金太阳，扔进嘴一咬，齿尖刺破薄皮的刹那，泥土的新鲜芬芳、阳光的温暖熙和便随着甜甜酸酸的汁液迸射，甜酸激流轰然冲开记忆闸门——江南井台的凉气与北美阳光的暖流在舌上相撞，炸出漫天星斗。原来时光从未走远，它只是凝在番茄的种子里，等某个盛夏破壳而出。

番茄从美洲出发，转遍了全球，又回到了美洲。番茄的环球漂泊，原是大地酝酿的一场味觉乡愁。初离安第斯山时，野果酸锐如刀锋。西班牙船队将它浸在橄榄油里驯服，意大利人用三小时文火熬去戾气。及至东渡台湾，黑柿番茄在糖膏姜汁里悟出咸甜大道。三百年修炼后重返美洲故土，纽约超市货架上，圣马扎诺罐头沉默如归侨——标签上的意大利文，不过是它周游列国的戳记，是载着山海经纬的味觉方舟。

婚宴主桌的番茄盅最见沧桑。北美大厨雕空牛番茄作宫灯，蟹肉填芯如金蟾卧莲。银匙破壁时，橙黄汁液漫过瓷盘，宾客忽从鲜味里尝出墨西哥荒野的骄阳、地中海修道院的钟声。而江南灶台上，番茄炒蛋正嗞嗞作响，红黄交缠如凤凰涅槃——贫富宴席间，此物早修得百相法身。

然我舌苔深处那座滋味罗盘，依然定位在番茄的酸甜滋味。这个甜酸的本真，浸透了热烈，自由，浪漫，奉献和分享，然后又回归酸甜的本真。金太阳的基因谱系里或已不见江南祖影，但当阳光吻透果肉，大地精气灌满汁囊，那原始的生命欢歌依然轰响如雷。恰似离乡三代的游子，张口仍是故土乡音。

（五）

番茄初渡欧陆时，确乎是位冷美人。红玉悬在洛可可雕栏上，贵妇执银剪修其枝叶，金丝笼里锁着滴血的心。二百载寒暑，无人敢破戒近唇——禅机原在戒惧里，看它艳骨冰肌，偏是碰不得的毒物。

法兰西画师赌命那日，倒是场破戒大典。礼服冠冕穿戴整齐，银叉颤巍巍挑起红片。闭目吞咽如饮鸩，卧榻静待无常。岂料酸甜醒神，竟在生死界上尝出活色生香——原来看破虚妄，未必需要蒲团枯坐。毒戒既破，禅关随开：原来最浓艳的皮囊里，裹的竟是救命的醍醐。

自此番茄坠入烟火道场。意大利灶台便是它的禅房，三小时文火慢熬，酸棱角渐化柔云，终成稠红正果浇通心粉。圣马扎诺（San Marzano tomatoes）在陶罐里坐化，反倒比枝头艳影更近佛性——烈火烹油处，最见本来面目。

今晨见妻烹番茄炒蛋。铁锅热油青烟起，赤玉块跳进黄云堆。铲尖翻飞间，红汁裹着金絮滚作一团，灶上嗤嗤唱起欢喜偈。忽悟此间真味：枝头禅是孤峰观月，锅中禅是红尘普度。一盘红黄烂漫处，烟火气里自有大清凉。

架上新果又垂红。番茄入俗之时，其色相却愈见艳丽。一株番茄藤上悬着七宝世界。靛蓝玫瑰垂霜色璎珞，黑美人披紫绶袈裟，金太阳晃着蜜蜡念珠，绿医生怀揣未剖的翡翠经匣。风过时众果轻碰，叮咚声里赤橙黄绿旋舞成霓——色相纷陈至此，反照见大空虚寂，真空妙有。要紧处是切莫执着，且看傍晚满架繁华耀目，夜晚雨紧风急，繁华落尽，且也是寻常事。一日见朝露坠金果，啪嗒绽破朱皮。汁水渗入黑土处，蚁群正衔籽疾走，金砂般的种粒没入幽暗。霎时彻悟：任它万紫千红，终归大地空怀。

证得如是，种番茄如结缘随缘。草木亦如故友——三五知己足慰平生，新雨旧雨皆是造化。一切皆是随缘。青医生终年青衫磊落，剖开满腔碧玉；菠萝番茄笑纹纵横，甜里总带三分野气；伊斯特琳娜最是热肠，金铃成串压弯竹架，甜得毫无保留。禅者，性情也，洒脱也，随缘也。活泼泼日日生长，日日好心情，步步红果长。种个番茄，种出好心情，禅便在日新之中。心中平静而又活泼，好奇而不贪婪，心境如是，禅机便在其中。

一果开示三千界，番茄是有禅的，想它看尽二百载人间荒唐事，初时被供作妖物，继而捧成爱神，终在百姓灶台证得菩提，又在色相中印得空性，色即是空，空即是色。甜也它，酸也它，佛也它，魔也它。

在这乡下僻壤，自有一番异色繁复而迷心窍，晨取金太阳一枚，清水濯之，齿尖破皮时甜酸迸溅。清凉直透心肺，——原来舍了诸般色相，反得大自在。

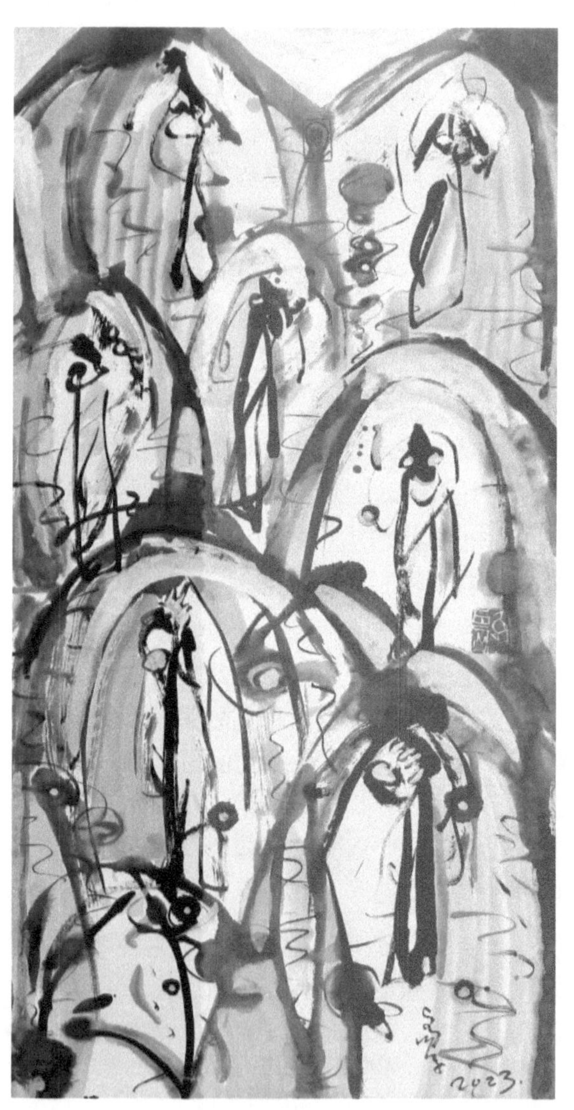

岛子（纽约），无题之一，纸本设色。100X50CM，2023 年

2025 阿姆斯特丹马勒音乐节·音乐朝圣之旅（二）

——《复活纪事》

张意 Eve Zhang（加州）

　　我与马勒交响乐的缘分，始于他的《第二交响曲》。约十年前，旧金山交响乐团联合社区合唱团组织了一场湾区合唱爱好者的盛大演出。在指挥家 Vance George 的带领下，经过数日紧张排练，我们这两百多位业余歌者终站上戴维斯音乐厅的舞台。高光灯自穹顶洒落，我们仿佛成了马勒音乐的使徒，静候神启。演出那夜，银发的 Vance George 以缓慢手势划开凝重的空气。无人预料，那些德语歌词竟在我们喉间同时长出荆棘与羽翼。当几乎窒息般的 ppp 弱声和声缓缓渗出第一句 "Aufersteh'n, ja aufersteh'n, wirst du, mein Staub"（复活，是的，你必将复活，我的尘埃），那一瞬，恍若冰锥凿开灵魂的罅隙。灯光如雪亮，我却感到来自天堂的暖意——也许正是我们略微粗糙、未臻完美的嗓音，才更配得上复活前那具沉重的肉身。

　　马勒的魔法发生在第四分钟。声带早已颤抖如风中之烛，脊椎却涌起一股青铜般的暖流。那个瞬间，我突然看见自己：穿着黑西服，紧握谱本的手心微微潮湿。吐音那一刻，身体仿佛失去重心，如氢气球般浮起，被音符托举着穿透头顶那片透明的玻璃灯罩。乐池里小提琴的泛音闪烁，如上帝垂下的银梯。我顺梯轻上，蓦然看见母亲凝视我的眼神。声音开始哽咽，音符在喉间摩擦。尽管灯光耀眼，眼眶却不自觉蒙上一层水莲，谱上的音符如蝌蚪般游动起来。

　　那一刻我忽然明白，马勒第二交响曲不仅是对亡者的安魂，亦是对生者的慰藉。每个人都曾经历生离死别，都曾在至亲棺木前体会过面对死亡的无助。而不同的文化与宗教，虽对死亡有不同诠释，却都不约而同指向"复活"与"来生"的概念。马勒以他伟大的音乐，将死亡与复活这一灵魂命题完美透析。唯有透过复活，生命才得以净化与升华。复活必经死亡之路——他将我的灵魂托至云端，离天堂那么近，离上帝那么近。原来，死亡才是生命最完美的仪式。

后来我听过无数个马二版本，却再未有那晚般的战栗。或许因为那晚的我们并非在"演唱"，而是在以走音与喘息见证神迹。我们是一群在马勒的故事里找到自己故事的凡人，是一同体验生命、死亡与复活的思索者。我们，是真正被马勒选中来演示"尘埃如何发光"的器皿。

合唱部分出现在第五乐章"复活"，歌词源于18世纪德国诗人克洛普斯托克的同名诗歌。该诗以对来世的有力描绘闻名，马勒将其用于终章，深刻表达人类最原始的情感——失落、苦难与复活的最终胜利。其凄美结尾也曾打动格劳恩、舒伯特等作曲家。

音乐节结束后，我直奔德国参加莱比锡举办的肖斯塔科维奇逝世50周年纪念会。巧合之下，我与作曲家王西麟老师在饭店后花园喝茶聊音乐。他向我提出一个问题："马勒交响乐中那股悲情，究竟从何而来？"是啊，他不曾经历欧洲大战，也未遭希特勒对犹太人的迫害。出身犹太家庭的他，为在欧洲乐坛立足改信天主教，信仰上的迷茫贯穿他一生。童年玩伴相继病逝，中年丧幼女，妻子婚外情……死亡如影随形，成为一道永不愈合的伤口。我对王老师说：或许伟大作曲家天生就对未来世界有某种预感。那种灵性藏在浩瀚宇宙中，凡人无从感知，大师却早已听见悲剧的先声。他在离世前已为犹太民族的大屠杀写好了安魂曲，为他们今日的重生"复活"吹响号角。我们未必需要答案，但这样的追问，恰是音乐节生命的一部分。有人说过，一场音乐会不仅是舞台上的演绎，它也包含观众的磁场、他们的泪水、心灵深处被触动的伤痛，或是生命的蜕变——以及他们带回家、成为永恒的记忆。

美国作家杰克·伦敦在《生命的谎言》中写道："我们站在一个深受爱戴之人的坟墓旁。他的一生、挣扎、苦难与成就，皆成过往。在这庄严而激动人心的时刻，日常生活的迷茫如帽揭去，一个令人敬畏的声音让我们心寒：接下来呢？什么是生，什么是死？我们会永远活下去吗？这究竟是一场空虚的梦，还是生死确有意义？如果我们要继续活下去，就必须回答这个问题。"杰克·伦敦批判了社会对生命意义的盲目乐观，呼吁人们直面死亡与存在的虚无，并以行动赋予生命以意义。

2025 年 5 月 10 日，阿姆斯特丹马勒音乐节中的《第二交响曲"复活"》由指挥家伊万·菲舍尔携布达佩斯节日交响乐团与荷兰广播合唱团演出，女高音克里斯蒂安·卡格与女中音安娜·露西亚·里希特领唱。Concertgebouw 音乐厅无比信任菲舍尔对作品的深刻理解。他曾说："马勒的美，总是令人心痛。"作为一名远道而来的爱乐者，我前来寻找什么？聆听交响乐，必要注重细节。第一乐章开门见山，从 ff 突弱至 p，小提琴颤音令人汗毛耸立。四拍之后低音提琴以 fff 强势进入，如战场轰鸣（奏鸣曲式）。在一片激烈混乱的全奏之后，音乐骤静，唯留一支孤独的单簧管翩翩独舞，美妙至极！其音色尖锐、讽刺，甚至带些狂野，像是对庄重葬礼主题的嘲弄与模仿。它如同突然闯入肃穆场合的"小丑"，体现马勒音乐中常见的"浮世绘"风格——将崇高与庸俗、悲剧与喜剧并置。

乐章开端，小提琴与中提琴颤音低语，低音提琴与大提琴齐鸣，顷刻间营造出宏大而神秘的氛围。类似写法可见于贝多芬交响曲，例如《第五交响曲》开头那强烈的命运动机。但马勒的情感世界远比贝多芬复杂、纠缠。第一乐章的宏大结构与庄严气氛也可见布鲁克纳的影响，尤其在主题的展开与对比上。马勒运用了丰富的管弦乐色彩与宽广音响，类似布鲁克纳交响曲的圣咏式写法。这里也有威尔第《安魂曲》中的戏剧性，与瓦格纳"救赎"主题的回响——但马勒仍在自身音乐语汇中发展出全新风格，向前辈致敬的同时，走出自己的路，建筑起一座属于他自己的交响乐大厦。 菲舍尔与乐团对这个音乐厅的声学特性了如指掌。他巧妙利用音响效果，精心雕琢细腻与静谧的瞬间，将高潮层层推起，最终成为一种心灵的释放。马勒在创作第二交响曲时，始终寻求与音乐传统的联结。贝多芬《第九交响曲》以"欢乐颂"终章传达人类团结与希望，而马勒的第二则深入生死与重生之间，尤其在终章表达对复活的渴望与对生命意义的思考。

伊万·菲舍尔说："马勒的《第二交响曲》表达了他孩子般天真

却不可抗拒的对永生的乐观：别再抱怨了，你们这些迟钝的悲观主义者！来吧，让马勒的音乐改变你的人生！"我突然明白，马勒并未刻意张扬死亡的悲痛，而是为"复活"奋力吹响号角。他是一个与自我和世界搏斗的孤独者，他的人生挣扎——"从地狱到天堂"，正如他早期版本所称——直到最后一刻，才以自我的征服作为庆祝。

值得注意的是，马勒在第二交响曲中终结的正是这个"另一个我"。他曾致信乐评人马克斯·马沙克："我将第一乐章称为'葬礼'，你会感兴趣的是，那是我 D 大调交响曲中的英雄被抬入坟墓，他的一生如明镜般呈现。此时也提出了一个问题：你为何而活？为何受苦？这一切是否只是一个庞大而可怕的笑话？我们要继续活下去，就必须以某种方式回答这些问题——事实上，哪怕我们只是继续死亡！生命中一旦听见这呼唤，即使仅一次，也必须给出答案。我在最后一乐章中给出的，就是这个答案。"

Concertgebouw 音乐厅著名的台阶本身就是一道风景。每位指挥从二楼右侧门走出，步向舞台中央、登上指挥台的过程，已成为观众第一眼捕捉的仪式。指挥的气场，往往从这一步便开始凝聚。本次马勒全套交响曲由五位指挥分担，而伊万·菲舍尔是我眼中气质最佳的一位。他走下台阶时自信翩翩，步履间尽是常年浸润于音乐的艺术家的风度。

女高音卡格与女中音里希特则是从舞台右侧直接上台，未经过楼梯——或是因为长裙不便。一位身着银色长礼服如月光般的皎洁，另一位美女歌唱家上身宝蓝丝绒、裙摆金黄，宛若乌克兰国旗的颜色的长礼裙。当下俄乌战事艰难未熄，艺术家在此重要节日以视觉语言警示世人，更以马勒式的大爱，为三年来所有无辜亡魂安魂。女中音里希特以《原始之光》温柔开场，歌词源自《少年魔号》中的"哦，小红玫瑰"。她 hold 住呼吸，以唱赞美诗般的口吻献出第一句，仿佛将每个音符捧在手心。背后是低沉的小号细腻伴奏。她以闪耀蓝色光芒的歌喉吟诵原始之光的美，我眼前仿佛浮现影像：那些穿上军服的年轻士兵，胸膛口袋或许还揣着一封被血浸透、未能寄给远方姑娘的情书……生命戛然而止于导弹空袭、无人机爆炸或坦克碾压。他们的灵魂是否仍在空中飘荡？我再次感到一阵莫名的伤感。

后来重温音乐会现场录制片段，镜头拉近——我坐在台下原本只能看见他的背影，而视频捕捉到了他的眼睛。在田园般的意境中，我发现他眼神充满柔情，那是一种向内降临、触及每个人的神圣。指挥伊万·菲舍尔的独特之处，在于他不让观众沉溺于死亡的悲情，而是将我们安放在希望之中。如果说前四个乐章从死亡沉寂、反思直至最后审判，是为第五乐章"复活"作铺垫，那么荷兰广播合唱团震撼的歌声，正是永生的承载。它传达出强烈的乐观精神——马勒在此表达了对生命的热爱与对人类共同命运的体认。即使面对生死难题，人仍要勇敢迎向生活的挑战与痛苦。这种思想与尼采的"超人哲学"共鸣：即便在绝望中也要寻找力量，追求更高目标。

歌词中反复回荡的是生命的意义与死亡的超越。马勒藉合唱探讨人类存在的脆弱与无常，尤其是面对死亡时的恐惧与迷茫。"复活"的概念暗示生命不仅限于肉体，更包含灵魂的升华与延续。

最高潮处莫过于"天堂之门"开启的时刻：定音鼓以最坚硬的槌极强的力度敲击，发出如雷霆或巨门轰然洞开般的巨响。这象征尘世的终结与天堂的开启。此刻，管风琴前那面大铜锣需由两位打击乐手共抬，猛烈敲击。锣位经过精心计算，使声波透过管风琴音管产生强烈共振与混响，营造出超越人间、弥漫宇宙的声响效果。我彻底被这神圣而恢弘的轰鸣击碎了灵魂。此刻我才完全领略，何为天堂、何为复活，以及我为何来到阿姆斯特丹。不在现场、不将自己全然融入音乐会，是无法体会这种灵魂被击碎的感受的。

音乐节商店中最热卖的是《马勒的宇宙》一书。我原本还犹豫着下一站音乐节行李能否手提登机，不料英文版头两日即售罄，至今仍后悔当初的迟疑。马勒的交响曲之所以被称为"宇宙"，因他志在创作出如世界般浩瀚的音乐。他曾言："交响曲必须像世界一样，它必须包容一切。"这一雄心体现于宏大的规模、庞大的乐队，以及对自然、生命、人在宇宙中地位等普世主题的探索，创造出全面而相连的音乐体验。马勒为听众提供了一种对生命意义的探寻，并邀请我们共同踏上这情感的旅程。这种充满人性与哲学深度的表达，使《复活》不仅是一部音乐作品，更是一场精神的洗礼与哲学的思考。

　　母亲节之夜，在马勒的宇宙中涤荡灵魂——记阿姆斯特丹 Concertgebouw NHK 交响乐团音乐会 五月的阿姆斯特丹，空气中已弥漫着初夏的暖意。在母亲节这个充满温情的夜晚，我于世界顶级的 Concertgebouw 音乐厅，在日本 NHK 交响乐团演绎的马勒《第三交响曲》中，经历了一场长达百分多钟的灵魂洗礼与极致震撼。本场演出是阿姆斯特丹马勒音乐节的重要场次，由乐团现任首席指挥法比奥·路易西（Fabio Luisi）执棒。NHK 交响乐团作为日本历史最悠久的职业乐团，其实力在路易西的精雕细琢下愈发精湛。乐手们非常年轻，充满朝气，特别是那位首席小提琴手，其俊朗的外形与专注的艺术家气质，成为了舞台上一道亮丽的风景。

　　马勒的《第三交响曲》是其宏篇巨制中篇幅最长的作品，堪称一部"用声音写就的宇宙史诗"。它从无生命的自然萌芽，逐步攀升至人类、天使乃至神性的层面，最终归结于"爱"这一终极命题。这部作品诞生于马勒在奥地利阿特湖畔的作曲小屋，正如他所说，他需要聆听湖水的声音，让乐思自然涌现。

　　第一乐章：夏日的进军乐声初起，雄壮的铜管号角便以排山倒海之势撕裂寂静，仿佛夏日以不可阻挡的伟力席卷而来。这不仅是自然的苏醒，更是马勒掷地有声的艺术宣言：他决意走出贝多芬与瓦格纳的巨影，开创属于自己的时代。在 Concertgebouw 这个以绝佳 acoustics 闻名、尤其适合铜管表现的殿堂，那扑面而来的声浪令人浑身战栗，起满鸡皮疙瘩。

　　第二乐章：花儿的低语紧接着，音乐瞬间切换至极致的温柔。弦乐奏出轻盈摇曳的旋律，宛如微风拂过田野，花朵在身旁呢喃低语。马勒的精妙之处在于，他用乐器模仿出人声合唱般的质感，恍惚间，你听到的不是乐团，而是一个无形的合唱团在轻轻吟唱，美妙绝伦。

　　第三乐章：动物的嬉戏与童年的逝影木管乐器灵巧地跳跃，描绘着林间动物的嬉戏。远方传来的邮号声，本该带来旷野的诗意，却在我眼前勾勒出另一幅画面：马勒早夭的弟妹们，那些被装进小棺材抬出家门的孩童，曾几何时也在林间如此奔跑玩耍。音乐中的欢愉背后，深藏着作曲家对生命无常的巨大悲悯，让我瞬间眼眶湿润。

第四乐章：人类的沉思——尼采的午夜之歌女中音 Olesya Petrova 的歌声深沉地响起，歌词取自尼采《查拉图斯特拉如是说》中的《午夜之歌》。她的演唱深邃而充满哲思，是对生命深处孤独与渴望的终极追问。曲毕，她眼含泪光，久久无法从音乐的情绪中抽离，这份全情的投入也深深感染了每一位听众。

第五乐章：天使的歌唱童声与女声合唱的加入，像一束天光穿透云层，带来天真无邪的喜悦。孩子们早在第二乐章就已安静地坐在台上，其中一个小女孩情不自禁地用食指轻轻随着节奏敲击，全然沉浸在音乐之中。看着他们，不禁感叹：这些在古典音乐滋养下长大的孩子，是何其幸福。

第六乐章：爱，终将降临最后的乐章，是整部交响曲的升华。音乐从极弱的宁静中开始，弦乐织体层层铺叠，如同一场缓慢而坚定的救赎，最终汇聚成一片辉煌而温暖的爱的海洋，浩瀚无垠，包容万物。最后，在两位定音鼓手沉稳而连续的敲击声中，这部宏大的宇宙诗篇圆满落幕，余音绕梁，久久不绝。

NHK 交响乐团的演绎堪称顶级，铜管声部尤其耀眼。指挥路易西更独具匠心地将部分铜管乐手安排于后台，当音乐厅后门打开，号声从远方传来时，那种空间感完美诠释了天与地、宇宙与心灵的对话。虽在极致疲劳的巡演尾声有一丝微小瑕疵，但无损其整体光芒。

那个夜晚，我选择步行回到住所。我不愿在这母亲节的特殊夜晚，刚刚经历一场灵魂的洗礼后，就立刻跳上巴士，与音乐会散场的人群以及博物馆区的游客们一同挤进一个大铁盒子里，打断音乐会后延续的美好思绪。

我独自穿过阿姆斯特丹博物馆区的大草坪，刚被割草机修整过的青草散发着迷人的绿色沁香。伦布朗的《夜巡》依然在国家博物馆的有机玻璃馆中等待着"整容手术"，而梵高博物馆的灯光似乎彻夜照亮，为这位孤独的艺术家指引回家的路。今天，这座城市绝不会再让他孤单了。

我深深感激我的母亲——是她将对古典音乐的挚爱传递给了我；我也感激我的父亲——是他赋予了我对文学的热情。我的生命中传承着他们的优良馈赠，而这些珍贵的基因，直到他们去世之后，我才真正体会到它们的宝贵。

　　抬头望向星空，我感恩能以这样的方式，在这个母亲节与母亲"书信"。我仿佛能感觉到，她就在我的身后静静陪伴我。终有一天，我们会在天堂重逢，而到那时，我要将这些美好的音乐笔记，亲手献给她。

　　（音乐笔记，未完待续）

www.ingramcontent.com/pod-product-compliance
Lightning Source LLC
Chambersburg PA
CBHW030914060726
47591CB00005B/1540